散户擒牛战法

姚茂敦 —————— 著

四川人民出版社

图书在版编目（CIP）数据

散户擒牛战法/姚茂敦著. —成都：四川人民出
版社，2018.12
ISBN 978-7-220-10952-2

Ⅰ.①散⋯ Ⅱ.①姚⋯ Ⅲ.①股票投资－基本知识
Ⅳ.①F830.91

中国版本图书馆 CIP 数据核字（2018）第 195143 号

SANHU QINNIU ZHANFA

散户擒牛战法

姚茂敦　著

策划组稿	何朝霞
责任编辑	何朝霞　张东升
封面设计	张　科
版式设计	戴雨虹
责任校对	林　泉　吴　玥
责任印制	王　俊

出版发行	四川人民出版社（成都市槐树街 2 号）
网　　址	http://www.scpph.com
E-mail	scrmcbs@sina.com
新浪微博	@四川人民出版社
微信公众号	四川人民出版社
发行部业务电话	（028）86259624　86259453
防盗版举报电话	（028）86259624
照　　排	四川胜翔数码印务设计有限公司
印　　刷	成都蜀通印务有限责任公司
成品尺寸	185mm×260mm
印　　张	13.75
字　　数	230 千
版　　次	2018 年 12 月第 1 版
印　　次	2018 年 12 月第 1 次印刷
书　　号	ISBN 978-7-220-10952-2
定　　价	49.00 元

前言

2010 年和 2011 年，我先后出版了《老鼠戏猫》和《搏杀主力》两本股票投资的图书，书籍出版后，收到不少热心读者来信，其中，有表达感谢的，有对内容创新表示认可的，有进行技术探讨的，自然也有不同意见的。这些来信，我都认真看了，真诚感谢来自全国各地的朋友们。

借此机会，我想简要谈一谈关于《老鼠戏猫》和《搏杀主力》的写作初衷和后续反应。2000 年之后，市场上的股票书开始变得多起来，最先是国外有关巴菲特、彼得·林奇的相关书籍，被无数投资者奉为圭臬。随着时间推移，当读者慢慢发现这些著名投资大师的理念和做法似乎并不完全适合 A 股市场之后，国内作者撰写的股票书日渐受到关注。

不过，我在深入观察后发现一个有趣现象，国内不少作者写出来的股票书，都是技术图形满天飞，仿佛成了看图说话，更有甚者，解释性的文字寥寥几句，似乎不这样做，就体现不出自己的高深水平。诗歌界也是如此，有的人写诗，一门心思卖弄技巧，语句晦涩难懂，看似高深莫测，实则故弄玄虚。纵观历史，真正能流传千古的经典，哪首不是老百姓能读懂而又接地气的？同理，股票书的绝大多数读者是普罗大众，并非拥有专业技能的行业专家，因此，让人看得懂、用得上、有效果才是关键。为此，我一直苦苦思索，力图把自己在征战股市 10 来年的心得和实战技法分享给广大散户朋友。

2010 年，我独辟蹊径，将 A 股市场与十二生肖巧妙结合，并重点突出了其中最弱的老鼠与其天敌猫之间的微妙关系。在如今的股市中，有人喜欢把散户形象地比喻成

"韭菜"，熊市或"股灾"一来，一茬一茬的"韭菜"被主力无情割掉。但我始终认为，这个看法并不精准。原因在于，散户的力量再小，也是有自己的思想和打法的，只不过在资金实力、信息获取等方面无法与主力正面对抗而已，但与此同时，散户也有船小好掉头、资金无高昂利息成本的优势。换句话说，散户更多像动作敏捷的老鼠，尽管贪婪的主力如不可一世的猫，但只要策略得当，应对有方，看似弱小的老鼠依旧能把猫咬上几口。2011 年，我再次大胆创新，将中国古代的十八般兵器与 A 股市场的特点和运行规律深度融合，推出了《搏杀主力》一书。

在这两本书中，我重点讲解了在巨浪滔天的股海中，散户应该如何锤炼生存本领，如何做到胆大心细，如何与主力巧妙周旋，最后达到赢利的目的。

前面提到，两本书推出后，我收到大量读者来信，其中有热心读者希望尽快推出第三本，此后的几年，亦不断有出版社力邀我写作新书，但均被我婉拒。

之所以如此"狠心"，主要有两点原因：一是基于对读者负责的态度，当自己认为没有更深入思考的结晶呈现给读者时，宁可暂时停下脚步；二是最近几年本人的工作方向发生较大变化，有幸在一家全国主流财经日报任高级编辑，每日午出夜归（上班时间为下午 3 点至凌晨 12 点），实在无法腾出更多时间来潜心写作。有趣的是，距离《老鼠戏猫》《搏杀主力》上市七八年之后，一次偶然机会，巧遇股票图书的资深策划人、四川人民出版社编审何朝霞老师，我们一拍即合，于是便有了《擒牛周期——太极十二招图解》《主升浪擒牛战法》和我的这本《散户擒牛战法》。

《散户擒牛战法》这本书延续了前两本专著的风格，继续深度挖掘中国古典文化的精髓，并与产生于市场经济条件下的证券市场相结合，每个章节的开篇用诗词将核心内容进行概括，正文内容正常行文，围绕散户和主力的缠斗知识进行深入剖析，这个小小的创新，意在提升可读性和趣味性，打破此前股票图书冷冰冰的传统印象。

任何一位投资者进入股市，自然都是为了赚钱。但要达到这个目标，难度可谓不小。尤其是散户投资者，因受诸多主客观条件限制，经常成为被主力欺负或者说"宰杀"的目标，为了改变这种现状，提高长期交易的胜率，不断学习是必不可少的。为了帮助更多散户投资者，我也很乐意将个人征战股海的成败得失和经验总结分享给大家。

从书名来看，本书仍是写给广大散户朋友看的。从功能上看，本书侧重实战，强调干货。因此，在内容设置上，始终围绕散户投资者最关心的需求展开。比如，如何认清自己、如何认清主力、为何老是被套、如何抓牢龙头股、如何巧用常见技术指标捕捉涨停股等核心问题，无疑是每一位投资者都想知道的。为了更好地帮助大家理解内容，我用了大量实战案例加以说明。值得一提的是，文中的实战技法和所列案例，都是站在散户角度，从有效管用出发，力图通过深入浅出的讲解，为读者带去一点实际的帮助。

本书的章节设计，是层层推进、由浅入深的，因此，对于投资新手来说，建议仔细研读，并结合自身情况查缺补漏，直至最终建立起一套适合自己的操作体系；即便是有一定股市实战经验的读者，亦可从第一章开始阅读，便于进一步完善你的思维体系和投资逻辑。另外，必须特别说明一下：书中涉及的任何个股，绝非个股推荐，只是用于必要之案例说明，案例信息仅供参考，不构成投资建议，投资者据此操作，风险自担。

很显然，读者朋友看完本书，想立马成为股市高手并不现实，毕竟经验的总结和投资技术的提升，都需要时间的积淀，但本书介绍的内容，肯定有你平时容易忽视，或者说没有认真归纳，却有助于你投资的招数。

无论你是初入股海的新手，还是有一定经验的老手，都需要对股市保持敬畏之心，并养成持续学习的良好习惯。同时，无论你的过往战绩如何，唯有将自己打造成常胜将军，股市才能成为你的提款机。

姚茂敦

2018 年 5 月 10 日于成都

目 录

第一章
准备：了解自己

2007

2010

2013

所谓散户，就是在证券市场中资金规模相对较小、进行小额交易的个人投资者。散户投入股市交易的资金一般在 10 万元以内，甚至几千元，基本由工薪阶层、个体户、退休人员及自由职业者组成。散户虽然单个资金规模小，但人数众多，占到 A 股市场投资者总数的 95％以上。

在股市实战交易中，因为资金规模小、信息不对称、无力影响股价走势、对政策的研究不如机构透彻，大多数散户的交易行为带有明显的非理性，其情绪极易受大盘行情和周边交易者言论的影响。

散户的概念与大户、主力相对。因在资金、政策把握、技术分析、信息获取等方面处于明显劣势，散户群体长期以来处于屡战屡败的尴尬境地。不过，即便存在诸多不足和短板，但在股海博弈的过程中，散户只要时刻保持清醒的头脑，认清自己和对手的身份，不断从实战中总结成败得失，坚持有所为有所不为的策略，一样也能把自己锻造成为常胜将军。有道是：

散户遨游股海中，腾挪闪转大鲨丛。

当潜则隐波涛下，合纵应升皓月东。

行慎思全先则立，善谋事备患无踪。

审时避短扬长处，笑看吴钩论英雄。

第一节
散户易犯的七个错误

近几年，随着中国经济持续高速增长，A 股市场也在不断发展壮大，参与股市交易的人也越来越多。根据中国证券登记结算有限责任公司公开披露的数据，截至 2017 年 12 月 22 日，中国证券市场投资者数量达到 1.3398 亿人，其中，自然人投资者达到 1.3362 亿人，他们中的绝大多数都是中小投资者，俗称散户。如此惊人的规模，数量早已经超过世界上大多数国家的总人口。

回溯历史，A 股市场经历了多轮牛熊市转换，其中，始于 2005 年的那一轮大牛市，沪市大盘一直冲到 6124 点，才不得不低下高昂的牛头。但是，2008 年的一轮大熊市，上证指数曾一度跌至 1664 点。如果说，2007 年的疯狂飙升让全球瞩目，并催生了"全民炒股"的热潮，那么，2008 年高达 65.39% 的跌幅，同样也让全球投资者目瞪口呆。

2017 年，先后经历了养老金入市、股指期货松绑、减持新规出台、再融资新规出台、A 股被纳入 MSCI 指数等重大事件的 A 股市场，表现虽然没法与涨势如虹的美股市场相提并论，但沪深股指双双收出了阳线，其中上证指数全年涨幅 6.56%，站稳 3300 点，深证成指全年涨幅 8.48%，站稳 11000 点，这一成绩，比 2016 年两市双双下跌超过 12% 已经好了很多。见图 1-1-1 和图 1-1-2。

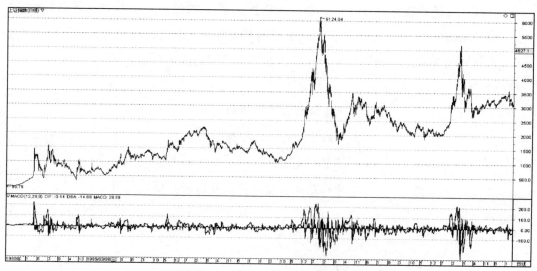

图 1-1-1　上证指数历史日线走势（000001）

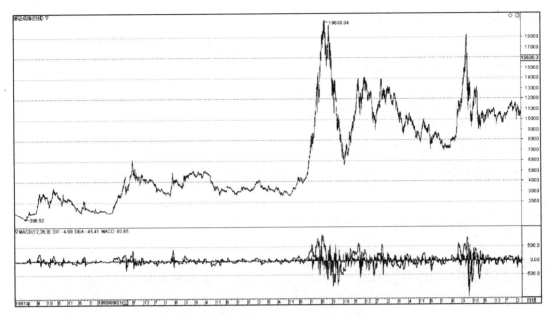

图 1-1-2 深证成指历史日线走势图（399001）

经过多轮暴涨暴跌，加上 A 股市场牛短熊长的特征，不少参与过股市交易的中小投资者因大幅度盈亏受到了生动的教育。尽管其中部分亏损严重的投资者永远退出市场，但随着人们可用于投资的资金不断增加，新成长的投资者群体壮大，股市的投资者人数仍保持稳步增长态势。

但令人痛心的是，A 股市场有个规律至今仍未改变，那就是"一赚二平七亏"。换句话说，假设有十个人投资股市，最终的结果可能是，其中只有一个人赚钱，两个人勉强打个平手不亏不赚，另外七个人亏损。应该说，这个现状很残酷，有点难以让人接受，可这个魔咒至今未破。

众所周知，A 股市场的投资者以散户为主，尽管近年来在制度建设方面取得不少成就，但远未达到完善的程度，因此，普通投资者要想在股海博弈中分到一杯羹，增加自己的投资性收入，实现让财富增值的目标，只有提高自身实战水平这条路可走，别无他途。

面对股市行情的瞬息万变和诸多制度缺陷，可能绝大多数散户都会抱怨说，人家基金、券商、私募等机构，要资金有资金，要技术有技术，要内幕消息有内幕消息，我们拿什么跟他们斗？的确，这些抱怨很有道理，也点到了不少问题的死穴。可问题是，对诞生不到 30 年的 A 股市场而言，要解决一些老大难问题绝非一日之功，欧美资本市场有今日相对规范的运行监管机制，也是经历了漫长时间的演变，经历过不少重大负面事件，不断完善得来的。

与此同时，作为股市交易的参与者，抛开制度弊端，数量庞大的散户投资者群体中，又有多少人去认真思考失败是自己的原因呢？俗话说"吃一堑长一智"，但真正能做到这点的人少之又少，相反，好了伤疤忘了疼的人却为数不少。

换句话说，在股市博弈中，散户之所以经常吃败仗，除了外在因素，自身投资水平不高，反复犯错其实是致命死穴，只是很多人并未意识到或不愿承认而已。请每位投资者扪心自问一下，下面所列散户容易犯的这些错误，你占了几条？

一、把炒股当作生活的全部

人的一生，寿命长的人也不过百年光景，我们要做的事情有很多很多，因此切不可将炒股当作生活的全部，更不宜把全部身家和希望压在股市上。有的人一门心思盼着靠炒股发家致富，这个出发点本身是很危险的。股票有无穷的魅力，更有独特的魔力，不少人的喜怒哀乐会随着 K 线变化和股价涨跌出现剧烈波动，尤其遭遇股灾时，因为手里的股票被套巨亏，最后跳楼轻生的悲剧也不时见诸报端。

进入股市，唯一的目的自然是赚钱，但你必须了解，不确定性是股市的最大特征，任何人都不敢保证次次交易都赢利，盈亏如行军打仗，实属兵家常事。所以，务必要树立正确的金钱观念，坚决不做股票和金钱的奴隶，更不能因为炒股置家庭稳定和幸福于不顾，把盈亏看淡一点，心态自然就少了一分躁动，多了一分平和，唯有如此，才能减少失误的次数，从而做出理性的判断。

二、始终没有形成适合自己的操作方法

我有位亲戚，前几年刚入市时，看电视上有专家说，要相信价值投资，少做短线，买股要长线持有才能赚钱。他觉得很有道理，于是，便跟着所谓的专家荐股买入。可买入后，手里的股票一直不涨。他心里就想，这样下去和将钱存银行没啥区别嘛。而他的一位同学喜欢做短线，亏损时一声不吭，一旦逮到一只涨停板，总喜欢拿出来大吹特吹，仿佛自己是天下无敌的股神。

我这位亲戚按捺不住，立马把价值投资丢到九霄云外，跟着那位同学杀向目标股，期待一夜之间赚个盆满钵满。可等我这位亲戚杀进场内时，主力已经开始大肆出货。

结果不到一周时间，不但一分钱未赚，连本钱也亏进去30％。经此一役后，我这位亲戚不但不总结经验教训，反而天天怪主力太过狡猾。所谓无利不起早，主力要赚钱，对付其他机构可能费力不讨好，但绞杀散户可是胜券在握，操作上不狡猾一点岂不是白干吗？就这样，不过几年时间，一会儿长线，一会儿短线，来回折腾，我这位亲戚已经把老本亏得所剩无几。尽管2017年A股行情整体不算太差，但他已经在2016年底挥泪退出，并发誓再不踏入股市。

从我这位亲戚的经历来看，人云亦云，缺乏独立思考，一直未能形成适合自己的操作方法是失败的主要原因。

三、对抗趋势，反向操作

中国有句古话叫"顺我者昌，逆我者亡"。虽然此话过去经常用于封建社会的最高统治者对下属和臣民所言，听起来霸气十足，但反观股票市场，如果我们把某段时间内的大盘趋势看作是能掌控投资者"命运"的大王的话，那么，顺势操作和逆势操作所带来的后果肯定大不相同。

在股市交易中，如果大盘在连续上行，牛市格局已经形成，你却缩手缩脚，罔顾大势不敢进场，赢利自然不会太好；反之，如果大盘不断下挫，熊市格局确立，你却全仓杀入，跟大盘对着干，长此以往，将遭遇严重亏损！

华尔街有句名言：逆势操作是失败的开始。那些常常抱怨运气不好的散户投资者，有无反问过，自己是不是也老犯"逆流而上，逆势而为"的错误呢？

在实战交易中，大盘趋势肯定是第一个要尊重的，因为这种趋势能对绝大多数个股的走势产生决定性影响，是大趋势。接下来，才根据个股的小趋势和价位，配合技术指标及业绩表现等，灵活决定具体买卖行为。

四、沉溺于技术指标却无实用的招数

最近几年，随着中国经济规模迅速跃升为全球第二，老百姓手里的闲钱也在快速增加。根据兴业银行与波士顿咨询公司（BCG）联合发布的《中国私人银行2017》，过去10年，中国个人可投资金融资产规模大幅增长6倍，2016年达到126万亿人民币，高居全球第二，仅次于美国。

此外，加上民众投资意识的觉醒，市场上各种有关股票投资的技术类书籍层出不穷。

古人云："艺多不压身。"的确，多学习和了解一些技术，无疑将为我们的投资增加更多胜算。但我要特别提醒的是，技术指标再厉害、再神奇，还得靠人去操作。比如，美国的武器够先进吧？绝对全球独霸！可面对手握简单武器的散兵游勇，美国大兵很多时候同样损失惨重！由此可见，威力强大的先进武器确实是杀敌法宝，但绝对不是取得最终胜利的唯一因素！

在股市交易中亦如此，面对瞬息万变的市场，人的情绪波动对操作结果显得极为重要。也就是说，懂一些技术指标自然是好事，但不必把上百个指标悉数学会，更不可过分沉溺其中。否则，当你进行短线操作时，在时间要求极短的情况下，等你反复纠结于是否符合这个指标，是否像那个技术形态时，最好的入场时机已经过了，还买什么股呢？而中线选股，要考虑的因素更多，比如公司业绩好坏，在行业里的排名情况，是否有基金入驻等，切不可单靠技术指标来决定买卖行为。

正因如此，我始终认为，炒股确实有必要学习一些技术指标，但指标太多，完全没必要全部去了解掌握，选好用好你认为最适合自己、最为有效的几个指标即可，更何况一旦涉及中长线操作，大量短线指标根本就用不上。基于习惯和个性不同，每个人喜欢的指标也大不一样，但作为普通散户，以下几个技术指标必须熟练掌握并灵活运用，下面先简要说明每个指标的重要性，具体使用技法在后面章节讲解实战案例时再重点说明。

（1）最强实战技术指标：KDJ（又叫随机指标，较为灵敏，比较适合短线）和MACD（又称平滑异同移动平均线，适合中短线）是上百个股市技术指标中的基础指标，使用率和准确性最高，二者可单独使用，结合使用效果更佳，一定要多练习，务必烂熟于心。

（2）常用均线指标：又称移动平均线，其中5日均线、10日均线、20日均线经常用于短线操作，30日均线、60日均线适合中线操作，120日均线（又称半年线）和250日均线（年线）属于长线指标。为防止主力或主力骗线，投资者可在股票软件上对日期略作修改，考虑主力可能对短期均线做手脚，可将5日均线、10日均线改成6日、12日均线，同时根据自身的操作风格选择不同周期的均线进行综合判断。

（3）常见K线形态：K线指标和相关组合形态千变万化，每种形态揭示的意义完全不同，尽管没人敢说自己了解所有K线形态，但常见的形态你得烂熟于心，比如锤头线、十字线、红三兵、吊颈线、大阴线等到底代表多空双方何种力量变化。不过，这些形态再多，但万变不离其宗，很多 K 线形态都是从阳线、阴线和十字线三种基本形态演变而来，只要多观察，多复盘，主力就算想玩欺骗的小把戏，识别起来并不难。

至于其他的如 RSI（相对强弱指标）、BOLL（布林线指标）、TAPI（量价指标）、OBV（人气指标）、ASI（振动指标）、ADL（涨落指标）、ADR（涨跌比率）、ROC（收盘动态指标）、BRAR（气势意愿指标）、SAR（止损指标）等，可能有的投资者喜欢其中部分指标，但如果使用不多，只需知道基本含义即可，或弃之不用。

必须提醒的是，懂技术绝对是好事，但不可过分迷信，尤其是部分堪称技术派的散户投资者，沉溺于各种技术指标，却始终没找到几个自己用起来顺手的实用招数。

五、习惯做"甩手掌柜"

有人说，投资股市是吃力不讨好的活。意思是说，很多人花大把时间去研究大盘和个股，但炒股战绩依然不佳，甚至不如那些什么都不懂的人。的确，炒股是件磨人的事情，要想把这活干得出色，除了有资金、技术精，有时还真得靠点好运气！所谓尽人事，听天命，就是如此。

正是因为屡战屡败，很多散户朋友，要么因为工作忙没时间盯盘，要么是觉得花时间琢磨和学习太累，要么是碰不到高人指点……总之一句话，就是不愿意去独立思考，更有甚者干脆把资金交给别人，让人代理炒股，自己落得轻松，当个"甩手掌柜"。

应该说，这种"懒人"策略，在超级大牛市还好，反正买什么都赚，也省去了动脑筋的烦恼，可一旦碰到震荡市或大熊市，缺点立马显现出来，亏损是可以预期的，更让人绝望的是，说不定因经济利益问题，相关各方闹得纠纷不断，最后连亲朋好友都可能反目成仇。别的不说，我身边就有这种情况。

六、整日患得患失

估计不少人都有过一种经历，在自己尚未买入股票或进行模拟炒股时，股市涨跌与自己真实的钱无关，心情自然平静如水，还可以说几句大话。可一旦投入资金，哪怕是区区几千元参与实际交易，情况就大不相同了，心情多少会受到股价波动的影响。

如此一来，每当我们看到媒体或网络上说某个地方发生什么大事，导致国际油价大幅飙升，某某公司因做假账被监管机构立案调查时，我们便会条件反射似的想：遭了，明天的大盘或手里的股票肯定跳水！如果明天真的下跌，到底是卖出还是继续持有？如果卖出，是卖掉一半还是全部清仓呢……

而这种焦躁不安、患得患失的负面情绪反映到做股票交易决策时，势必瞻前顾后，老下不了决心。具体操作时，自己会感到莫名紧张、压抑，长此以往，会使自己情绪波动较大，白天无心工作，夜晚经常失眠。

不少亲朋好友经常问我该怎么办，我只能开玩笑说：你首先得问问自己的心脏是否足够强大，如果心理素质不好，建议不要轻易跳下股海，否则脆弱的神经难以承受过山车似的折磨！

摇摆、固执、痴迷、懒惰、焦躁，凡此种种都是散户容易犯的错。应该说，犯错人人都会，甚至可以说，社会经济的持续进步与发展，包括人类社会的很多伟大发明，正是人类在不断犯错、不断实践之中无形推动的。因此，犯错其实并不可怕。但可怕的是，重复犯错却不愿努力纠正，任由错误像滚雪球一样越滚越大，那就是散户自己的问题了。

为了不被股市左右我们的正常生活，我有一条重要提醒：最好利用闲钱炒股，绝对不能借钱炒股，唯有如此，心无压力，自然不会被股市的变幻无常勾走魂魄！

七、稍有赢利就开溜

散户投资者亏损累累，原因实在太多，稍有赢利就开溜绝对是大多数人爱犯的主要错误之一。因为股价波动较快，被套和赢利是常态，很多投资者被浅套时，不止损，等亏损超过20％，就会变得麻木起来，最后干脆来个就地卧倒、不看账户的被动做法。如果本来是打定主意做长线，这种做法无可厚非，但如是短线无奈变成长线，就该检讨了。

而稍有赢利就开溜的心态，是散户有一种错觉，总认为见好就收才是最安全的，自己每次赚一点，哪怕每次赢利幅度平均只有2％，5次合计就有10％，相当于一个涨停了，事实上，账不能这样算。从概率的角度看，根据股价上涨、平盘、下跌各占三分之一的概率计算，理论上，10次操作只有不到4次是上涨赚钱的，加上不严格止损，可能5次小赚还不够一次大幅亏损的。这种例子不胜枚举。

正确的做法是，买入前先想好自己是短线投机、中线还是长线投资，一旦成功买入股价上涨，就根据不同投资周期寻找不同的卖股时机。如果短线操作，必须严格按照技术指标结合股价所处位置来决定何时卖股，只要技术指标未遭破坏，尽量持股待涨；如果是中线，则卖股的时机较多，不在乎一两天，差别无非是赚多赚少的问题；如果是长线，决定卖股的时机更多。总之，做对了，就该获取合理赢利，那是对股市高风险的最佳补偿和自己明智决策的最好回报。

避免跳坑三法

天下没有免费的午餐！危机四伏的股票市场也不例外。作为处于弱势地位的散户群体，必须要明白自己始终是主力天然的对手和敌人。搞清楚了这个定位，在进行个股选择时我们就得多长个心眼了，尤其那些业绩较差且无改善迹象、麻烦不断的垃圾股和问题股，就算主力用美丽的画皮进行包装和粉饰，并不时拉出涨停来诱惑你，也不要让一时的冲动战胜了理智，盲目参与。否则，一旦碰到恶主力，随时翻手打出七八个跌停板来，不但前期好不容易得来的战果被吞噬干净，后面想东山再起已经没有本钱了。

此外，尤其值得特别注意的是，就算所跟的主力资金实力强大，一旦掌控主动权的主力认为自己运作的股票"利好出尽"，或者发现自己的战略意图已经暴露，且跟风买入盘大幅减少时，已经赚了不少的主力肯定会抢先一步迅速逃离，独留高位接盘的散户大军气得哇哇大哭！

股海博弈中，因利益主体不同，为达到获利目的，实力占优的主力自然要随时随地利用手中掌握的优势资源设置陷阱，然后诱使对手来跳坑。那么，散户如何才能避免误入陷阱呢？根据我经验，以下几点值得牢记。

一、灵活进行价值投资

谈到价值投资，估计很多投资者嗤之以鼻。在他们看来，A股市场并不适合价值投资。原因在于，在目前A股市场上，很难有哪家公司像可口可乐那样，值得投资大师巴菲特放心地持有几十年，尽管贵州茅台在2017年涨势如虹，股价连创历史新高，但真正敢于一直捏着十几二十年不放的投资者还是极少数。试想，最初投资400万港元，持股超过20年的万科第一大个人股东刘元生，在A股市场又有几个呢？因此，我特别加上"灵活"二字。毕竟，A股市场还比较年轻，很多制度方面的设计远未成熟和完善，监管部门对市场的影响还异常强大，正因如此，发展至今的A股市场始终难以揭掉"政策市"的帽子！

我要特别指出的是，耗时十年以上的价值投资，虽然理论上存在所持个股可能退市的风险，但如果你没时间天天盯盘，技术水平也很一般，瞅准一个不错的时间点买入几只业绩优秀且稳定，分红又大方的蓝筹股，进行长线投资确实是个不错的选择。而前面提到的灵活，绝对不是让你乱买一通，随便找几只买了就放任不管，这样做价值投资自然毫无意义。

二、短线投机必须掌握有用的实战技法

一千个人自然有一千种个性，如果你实在对长线捂股不感兴趣，或者觉得目前A股市场并无值得长期持有的股票，而是喜欢做短线投机赚快钱的话，就必须得学习和了解一些必要和实用的实战技法了。通常来说，长线或价值投资，选股的考量因素大多集中在国家及部委政策、行业发展前景、公司业绩可持续性、重大项目预期盈利情况等方面，较少涉及技术面，而短线投机则不同，要考量的因素太多。

在本书后面的相关章节中，我将重点介绍一些个人经验和实用战术，供读者朋友参考。

或许，每个人都有自己喜欢的人生格言。但我的座右铭是："成功自古无捷径，唯有天赋加努力！"推而广之，散户在股海淘金，也只有通过虚心学习，不断进步，才有可能减少落入危险陷阱里的次数。

既然选择在危机四伏的茫茫股海中搏击，散户作为"小虾米"需要知道：自己周围随时可能会有凶猛的大鱼出没，更有可能遇到其他酷爱吃小鱼的大型生物；而头顶的天空不可能永远风和日丽，甚至经常瞬间雷电交加。唯有在心中保持必要的风险意识，才会最终成为赢家。

高手巅峰对决，胆大还需心细。无论对手多么强大，经过反复冷静思考和缜密分析，散户投资者完全能够避免跳进主力精心设置的陷阱，从而将主动权牢牢掌握在自己手中。

三、识别空头陷阱、多头陷阱

无论主力如何设局布套，大玩花招，其根本方式无非就两点，要么是布下空头陷阱，要么是设好多头陷阱，然后等着散户拼命往里面跳，他再择机收网，从而实现自

身利益的最大化。

那么，什么是空头陷阱和多头陷阱呢？当遇到此类情况时，散户又该如何应对？我的做法如下：

1. 空头陷阱的判断策略

所谓空头陷阱，是指大资金或主力利用消息面、资金面、技术面等不利因素影响，刻意打压大盘指数或个股股价，造成市场恐慌，诱使投资者恐慌抛售手中筹码，以达到自己在低位从容建仓的目的。

通常，散户要想判断空头陷阱是否成立，可从以下几方面来综合分析。

（1）分析消息面变化。一些主力不但资金规模庞大，有的还与上市公司管理层、媒体或圈内名人关系密切。为达到目的，他们有时会利用媒体资源，或联合一些影响力大的财经网站，故意放出不利于大盘或某些个股的重磅消息，待市场遭遇抛盘狂潮打压之后，股价已经变得相当便宜，这为主力在低位以较小的成本建仓创造宝贵机会。

（2）观察成交量变化。根据量价关系原则，成交量是反映股市人气聚散的最好指标。人气旺盛表示买卖踊跃，成交量自然放大；相反，人气低迷时，表明投资者心灰意冷，成交量必定萎缩。随着股价的持续下跌，量能缩减，很容易给投资者一种阴跌走势暂难结束的感觉。而在悲观的氛围中，主力开始默默吃进上方的抛单，逢低吸筹。

（3）了解宏观基本面变化。众所周知，世界上任何证券市场，无论涨与跌，都与国外和国内经济以及金融市场、资源市场等的表现直接相关。因此，在日常交易中，如果短期内宏观经济面并未明显恶化，但大盘和个股却连续大跌，此时就要考虑是不是主力设置空头陷阱了，而你要做的，就是捂紧手里的股票，不要急于抛出筹码。

（4）结合技术形态变化。既然称为陷阱，那么，必定有让人感到恐慌的行为才行。比如，当主力想故意吓唬中小投资者，逼迫他们交出手中筹码时，必定会在 K 线走势和技术形态上做文章。其中，最凶狠最有效的方法就是对目标个股连续砸出几根长阴线，或直接打跌停，击穿几个主要支撑位，从而引发技术破位的恐慌，迫使散户在慌乱中卖股止损，主力拿到筹码后迅速拉升，此前恐慌抛售的投资者后悔已经来不及了。见图 1-2-1 双鹭药业（002038）。

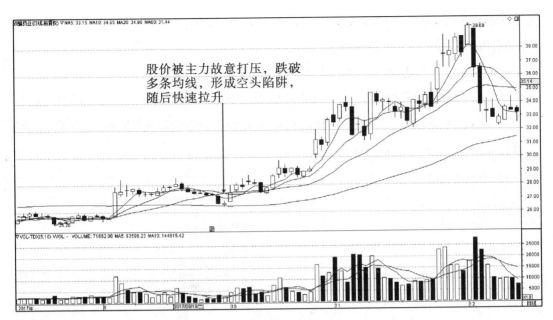

股价被主力故意打压，跌破多条均线，形成空头陷阱，随后快速拉升

图 1-2-1 双鹭药业（002038）

2. 多头陷阱的判断策略

与空头陷阱相反，多头陷阱是指主力利用资金、信息和技术方面的优势，通过影响大盘或个股的技术形态，故意显示出积极做多的迹象，从而诱使中小投资者蜂拥买入，主力自己则趁机出货。

同理，判断多头陷阱是否成立，依然可以从以下几方面来综合分析。

（1）分析消息面变化。为了达到预期效果，主力经常利用各种各样的宣传手段，积极营造大盘或个股走牛的良好氛围。最简单的做法，就是举办名目繁多的投资报告会、请一些名气大的"股评黑嘴"进行胡吹、通过财经网站或自媒体散布利于己方的"内幕消息"等。而当这些手段显效后，我们会看到市场上几乎全是看多，中小投资者个个群情激昂，连门卫大爷都把退休金取出来杀进场内。越是在此时，越要警惕获利丰厚的主力可能在各种利好消息的掩护下出货。

（2）观察成交量变化。多头陷阱在成交量上的表现形式如下：随着股价的持续上涨，量能开始处于不规则放大状态，有时甚至会突然出现巨量长阳或封涨停，盘中也不时出现大手笔成交，尤其在低迷行情中，进入涨幅榜前列的个股，很容易让投资者误以为主力正在建仓。结果等不明就里的散户投资者跑步入场，主力趁机出货。

（3）了解宏观基本面变化。股市反应较为敏感，通常会提前反映宏观经济表现，大盘或个股长时间走强，最坚实的支撑是国家经济稳步发展、管理层出台行业发展政策、个股有利好消息。如果这些都没有，大盘和个股却连续大涨，此时投资者务必保持头脑清醒。

（4）结合技术形态变化。实战中，与空头陷阱相反，如果主力要构造多头陷阱，一般会刻意拉出几根阳线，并站上几根均线或测试强阻力位，甚至量能也配合到位，从而诱惑散户进场接货，自己则不断卖出获利筹码，一旦出货完成，股价便踏上阴跌之路。见图 1-2-2 成飞集成（002190）。

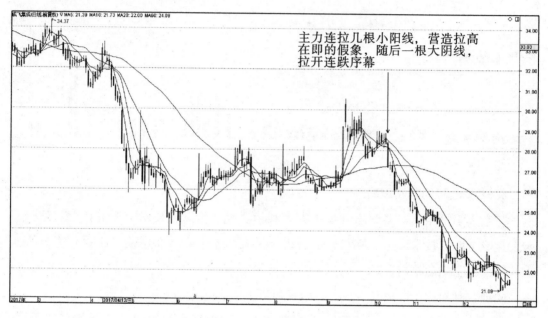

图 1-2-2　成飞集成（002190）

第三节

最大敌人是犹豫不决

只要有竞争的地方，就肯定有对手，而不同人和不同时期的对手和敌人是不一样的。比如，为争夺一条象征无上荣誉的金腰带，擂台上两位拳击手的最大敌人自然是近在咫尺的对手；在百米短跑赛场上，每位选手最大的敌人是赛道上斗志昂扬的对手……而在股海搏击中，有人把主力视为散户的最大敌人，有人把懒惰视为最大的敌人，也有人认为自己才是最大的敌人，但在我看来，散户投资者最大的敌人是犹豫不决。

古人云："知己知彼，百战不殆。"在机遇和危机并存的股海中遨游，要想获得胜利，实现让赢利奔跑起来的目标，散户投资者必须了解自身有何优缺点，先正确认识自己，再客观了解对手，方为制胜之道。

一、散户的优势和劣势

很多人肯定觉得，无论从哪方面来看，散户和主力根本都不在一个档次上，因此，散户永远都无法战胜主力！但我却不这样认为，答案很简单，既然蚂蚁能绊倒大象，散户又有何理由妄自菲薄呢？何况，在信息日趋透明，管理不断完善规范的今天，主力此前拥有的种种优势其实正在逐渐减弱，这在客观上为散户了解对手、化解对手优势带来了更多便利。

可能很多人并没有注意到，散户投资者其实也有三大优势：

（1）资金规模小，进出快捷。散户投资者投入股市的资金，少的不过几千元，多的几十万元，过千万的毕竟是少数。因为钱少，入场和离场都很方便，适合打偷袭战和游击战，打一枪换一个地方，所以不像主力运作一只股票那样，必须周密策划，严格执行，还要对可能出现的不利情况做好应对方案，任何一个环节出错都可能前功尽弃。

（2）散户炒股几无资金成本。这是因为散户投资者多为自有资金，不存在建仓、洗盘、拉升、出货等步骤，也无借贷利息，所以资金成本几乎可以忽略不计。而主力则不同，巨额资金来源渠道很多，大多有归还期限，且成本不低。

（3）无考核压力。对机构来说，无论管理的资金规模大小，每年或每半年甚至每个季度都有业绩考核和排位压力，这也导致这些大资金的管理者急于在一定时间内把业绩做好，因此在操作上就会受到诸多限制，而散户投资者，无考核压力，操作起来无任何限制，心理压力小得多。

当然，毋庸讳言，散户投资者也存在如下三大显著劣势：

（1）获取信息的渠道比较单一，与上市公司难以搭上关系，受此不利因素制约，无论买或卖，从发现目标、研究分析到做出决策，行动总是慢人一步，这也是战绩长期不如机构的重要因素之一。

（2）资金规模太小，势单力薄，难以抱团进退，不可能影响大盘和掌控个股走向，只能看别人眼色行事，容易掉入主力精心设置的各种陷阱。

（3）交易行为容易受情绪影响，胆小、贪婪、犹豫、冒进、自负等毛病普遍存在。部分散户投资者还有不爱学习、总想一夜暴富的不正常心理。有观点认为，炒股就是炒心，还是有一定道理的。

二、犹豫不决是最大敌人

众所周知，A 股市场正常交易时间是 9：30—11：30，13：00—15：00，虽然 4 个小时的时间看似不短，但基于股市对重大信息的敏感度特别高，有时行情的拉升和跳水快得以秒计算，如果做决策时犹豫不决，结果可想而知，要么错过绝佳买点而失去一只牛股，要么错过卖出时机而遭遇严重亏损。

如果说，做中长线投资，晚一两天入场影响不大，但是，在进行短线操作时，较好的入场和出场时机有时晚几秒的差别都很大，犹豫不决绝对是最大的敌人，考虑到A 股市场大部分散户以短线操作为主，因此也可以说，犹豫不决是散户投资者最大的敌人。下面，以我的亲身经历为例进行讲解。见图 1-3-1 华英农业（002321）。

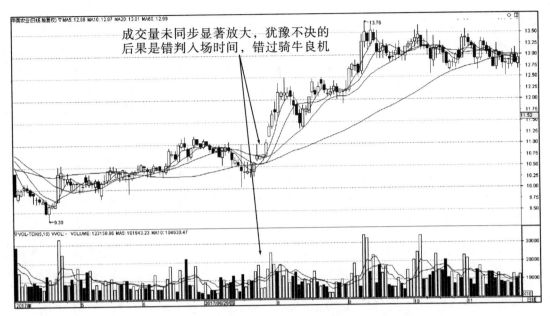

成交量未同步显著放大，犹豫不决的
后果是错判入场时间，错过骑牛良机

图 1-3-1 华英农业（002321）

2017 年 7 月 21 日和 24 日，华英农业经过连续两天向上突破多条短期均线，25 日和 26 日缩量整固，27 日拉出一根放量中阳，涨势基本确立，随后强势上攻，走出一波时间长达几个月的上涨行情。

我有段时间在进行中短线操作时，比较喜欢流通盘不大的农业股。事实上，我对华英农业也观察了一段时间，7 月 27 日起涨时，KDJ 和 MACD 指标已经发出买入信号，但考虑到与前几个交易日相比，成交量并不算太大，因此信心不足，未能在第一时间买入。后面该股连续上攻时，又觉得价格偏高了，几次犹豫不决的结果是后面一直不敢买入，就此错过一只中短线牛股。

与长线投资靠捂股、跟时间交朋友不同，短线操作讲求快、准、狠。喜欢短线操作的散户朋友，应该和训练有素的猎犬一样，经过长期大量的实战训练后，当你见到某个板块或个股启动时，你会条件反射般在第一时间做出反应。

如果决策果断迅速，踩准节奏了，则可安心持股待涨。而当趋势扭转，一旦见势不妙，又可脚底板抹油落袋为安。有句俗话叫"天下武功，唯快不破"，在短线操作上，快的重要性毋庸置疑。入场慢了，股价可能很快封死涨停；卖股时，倘若动作稍微慢点，主力可是连后悔的机会都不会给你。见图 1-3-2 尔康制药（300267）。

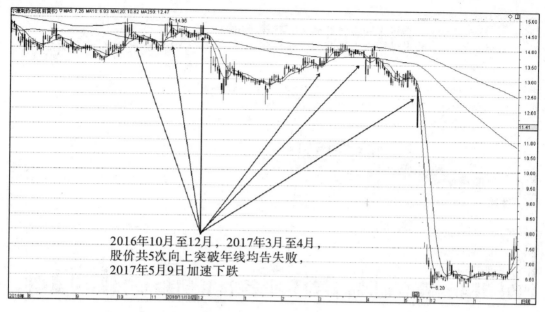

图 1-3-2　尔康制药（300267）

　　从上图尔康制药走势可以看出，2016 年 10 月、11 月、12 月股价 3 次突破年线未果，人气溃散之后下跌了一段时间。2017 年 3 月、4 月，股价又有两次蓄势上攻，但再次攻击年线又以失败告终。如果说，2016 年 10 月、11 月以及 2017 年 3 月，指导中线操作的 MACD 指标还未彻底走坏，后市走势尚存一线希望，那么，2016 年 12 月和2017 年 4 月的两次攻击遇阻之后，MACD 指标已经明显拐头下行，离场信号相当清晰，此时还犹豫不决舍不得果断卖股的话，就怪不得主力没给你机会了！

　　当然，果断绝不是冒进，更不是盲目，它是建立在你对主力的操盘手法和个股走势有一个合理判断的基础之上，临场做出的快速选择。

　　三、散户难于赚钱的原因简析

　　有段时间，网上关于"散户为何赚钱那么难"的讨论比较火，网友们的回答五花八门，似乎每个人的答案都有道理。但在我看来，如下几条关键性原因值得我们深思。

　　1. 主力行事计划周密，散户随意性太强

　　如果管理几十亿上百亿元资金的主力像散户一样，东一榔头西一棒槌，到处撒网，其后果是不可想象的。这并不是说主力就比散户聪明，而是由其所处的位置不同、承担的责任和压力不同等多种因素决定的。主力机构中很多操盘手，此前也是散兵游勇，是自身赚了钱，实战经验丰富后，才进入各种机构运作更大的资金。其实操盘的资金并非某一个人的，它是通过各种方式和渠道汇集在不同的户头进行操作，而且资金的使用成本较高，这些因素决定了主力在运作股票时，必须准备充分，力求万无一失，就算难免有失败的情况，次数和损失金额也必须控制在一定范围之内。

2. 人的本性都有恐惧和贪婪，主力专找这两个死穴下手

恐惧来源于未知，贪婪则来源于对资金的逐利。散户因为对主力的动机和股价未来走势没法掌控，自然会在可以买入和不该割肉的时候产生恐惧心理，进而做出错误决策，而贪婪则是部分散户投资者会在正确买入后想把整条鱼从头到尾吃掉，实际上主力也无法做到这点。应该说，散户有这种心理并不可怕，我始终认为，持续实战是最好的训练，通过长年不断交易和总结，恐惧和贪婪的心理是可以大幅改善的，所谓久病成良医，在股市沉浮的时间长了，心态会变得平和很多。

3. 耐心不够，总是"捡了芝麻，丢了西瓜"

可能不少投资者都有一个感觉，自己刚刚卖出的股连续暴涨，而新买入的股趴地不动，情急之下，又频繁换股，这就是典型的"捡了芝麻，丢了西瓜"，如同猴子掰玉米。之所以出现这种恶性循环，归根结底，还是散户投资者的耐心不够。我们知道，大部分主力运作一只股票，除开作风凶悍的游资，时间一般都得几个月以上，有的长达几年。散户想今天买入，然后连续涨停，10天就翻倍，这种可能性基本没有。所以，参与股市搏杀，也是磨炼耐心的绝佳办法。

4. 对投资本质认识不足

从本质上说，股票投资是一种金融活动，而金融本身，是一个为"不确定性"而生的学科。大名鼎鼎的诺贝尔奖得主罗伯特·默顿在其著作《金融学》中如此描述：金融学作为一门学科，主要研究如何在"不确定的条件下"对稀缺资源进行跨时期的分配。意即，金融活动对象的一大特征就是"不确定"，而不确定带来的就是风险，这也是为何我们明明判断一只股票，明天无论从哪方面来讲，都应该上涨，而最终结果却是跌。也就是说，再牛的大师，也没人敢保证每笔投资都赚钱。

由此可见，股市投资，本质上是做概率。谁的技术更高、经验更丰富、专业知识和风险意识更强，谁就能将做对的概率大幅提高。为什么机构做10笔投资有六七笔赚钱，而大多数散户只有两三笔赚钱，不就是散户朋友对投资的本质认识不到位，对风险控制不严格所导致的吗？

第四节
散户生存的七大招数

所谓无利不起早。二级市场上，无论是机构还是个人投资者，进入股市的目的都是为了分享国家经济增长和公司发展的红利，只要获取经济利益的手段是合理合法的，任何人就没有指责他的理由。

作为散户投资者，面对狡猾的主力，我们唯一能做的，就是提升自己的本领。实际上，尽管单个的散户在股市里可能只是小鱼小虾的角色，但依然有办法对付实力强大的大鲨鱼。同理，蚊子和大象的体积悬殊，但大象却始终拿弱小的蚊子毫无办法。

下面将详解散户生存的七大绝招。

一、高位放量滞涨，无条件抛票离场

一只股票经过连续拉升之后，涨幅已经很可观，获利盘自然累积了很多。如果连续多日突然放出巨量，换手率高达 10% 以上，但股价却没有上涨，甚至不涨反跌，这种情况多半是主力出货。此刻，不必多想为什么，最好的办法是立刻抛票走人，有时一旦犹豫不决，就有可能亏掉好不容易赚到的利润，甚至陷入越套越深的窘境。

退一步说，就算你抛出的股票日后涨上去了，也没什么可后悔的，毕竟你已经赚了一笔，如今 A 股市场有 3000 多只股票，除开少数停牌的，可交易的股票一抓一大把，根本无须担心没有目标。见图 1-4-1 出版传媒（601999）。

特别要提醒的是，在股市博弈中，千万不能有一卖出就后悔的心态，而要只赚自己能赚的那部分利润。因为你会发现，一买就跌、一卖就涨的情况太多了，如果每次都唉声叹气，老是责怪自己，你永远都不可能成熟起来，更不可能成为股市赢家。

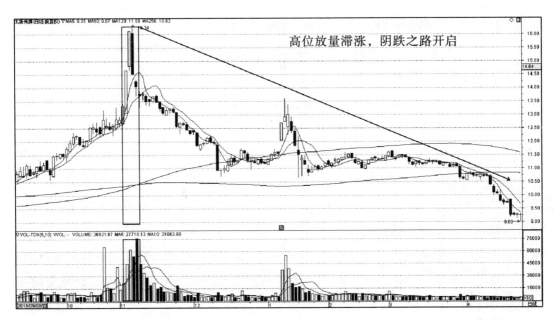

高位放量滞涨，阴跌之路开启

图 1-4-1　出版传媒（601999）

二、绝不可贪得无厌

通常，除去各种成本，短线主力（如游资）要想在一只股票上获利，大多会将股价拉高 50%－200% 再考虑出货。如果大盘环境和消息面配合，有的主力会拉升几倍再出货。

特别要提醒的是，作为普通散户，技术再过硬，心理素质再好，也几乎不可能与主力完全同步吸货出货（与主力关系密切的利益方除外）。多数情况是，我们经过研究观察，判定一只股票起涨态势确立才敢追进去，此时已经涨了三四天，涨幅可能也达到 20% 左右。如果你跟对了，只要上涨趋势未被破坏，尽量持股不动，追求合理利润是没问题的。可明明主力已经在疯狂出货，你总觉得是回调洗盘，还老想着再吃几个涨停板，这就是你贪得无厌了，贪心不足的后果，大多是上下坐电梯，白忙乎一场。

三、理性使用技术指标

随着互联网技术和智能手机日益普及，现在炒股都不用去站柜台了，人们都会在家里电脑上或手机端使用股票分析交易软件，而所有的股票软件上都有均线、K 线之类的标准配置。在欧美成熟市场，技术分析尤其关键。我曾经做过一段时间的美股交易员（也叫 day trader，意思是日内交易员，要求所有仓位必须日内平仓。美股是 T＋0 机制，可以做空，无涨跌幅限制，当日可以做上千笔交易），对此有深刻体会。但在A 股市场，因受国家政策和外围市场的直接影响较大，所以部分人士认为，政策分析要比技术分析更重要。

　　不过，不管哪种分析方法更重要，技术分析在日常股票交易中，绝对是不可或缺的，尤其对于短线操作者来说。前面提到，很多人喜欢用 5 日均线、10 日均线、30 日均线、60 日均线、120 日均线（半年线）、250 日均线（年线），以及各种 K 线形态来分析大盘及个股走势，这就使部分主力通过刻意画图骗线，故意引诱那些过分迷信技术的中小投资者犯错成为可能。因此，我反复告诫大家，技术指标和图形确实很重要，但一定要结合其他工具进行综合判断，相互印证得到的结论可靠性更高，理性使用而不是过分迷信。

四、尽量买中低价个股

　　理论上，买低价股和买高价股的盈亏是一样的。比如，投资 1 万元可买 2000 股价格为 5 元/股的股票，只能买 200 股价格为 50 元/股的股票。但可能很多人没注意到，买入每股价格为 5 元和 50 元的股票之后，心态是完全不同的。具体来说，买入 5 元的股票后，心想反正跌不到哪里去，心情自然平稳很多，一般不会焦躁不安，自然也不会轻易胡乱决策。相反，如果买入价格为 50 元的股票，你可能总担心跌下了怎么办，甚至可能夜不能寐，而炒股最忌讳的因素之一，正是心神不宁。

　　还有一个现实问题，散户的资金量普遍较小，有的甚至在 1 万元以下，如此小的资金量，价格奇高的股票连参与的机会都没有。试想一下，如果你只有 1 万元，想买 697 元/股（2017 年 12 月 29 日收盘价）的贵州茅台，一手（100 股）都买不到。而根据中国结算公司的一份权威数据显示，截至 2016 年末，持仓的自然人占了 99.85％，其中持有 A 股流通市值在 1 亿元以上的有 4680 人，仅占万分之一；47.92％的股民持有 1 万－10 万元，占比最高；24.37％的投资者持有 1 万元以下；所持市值在 10 万－50 万之间的人，占比 21.32％。

　　由此可见，我建议资金规模普遍较小的散户投资者尽量买中低价股，而不是盲目参与高价股，是有其根据的，所带来的好处也极为明显。至于部分投资者坚决不碰中低价股，只对高价股"情有独钟"，那就是另外一回事了。

五、远离内幕消息

我有个好友，自从进入股市以来，老喜欢到处打听所谓内幕消息，几年下来，为了打探独家消息，他花了不少时间去巴结人，时不时请客吃饭，和人套近乎，但随着时间推移，他后来发现，手里赚钱的股票竟然没有一只是通过内幕消息抓到的。

事实上，现在还有一些投资者把所谓的内幕消息看得过重，殊不知，真正成功的投资大师，其财富的增值靠的是自己不断学习和总结。

我们可以设想一下，上市公司对待大机构和普通散户的态度，哪个更好？抛开冠冕堂皇的那句"对广大投资者负责"的口号，毫无疑问是前者。因此，上市公司接待调研的，大多数也是机构投资者，就算真有什么内部消息，也是机构人士第一时间获得，几经传播再进入散户耳朵，等你杀进场内时，说不定股价已经涨上天，主力开始出货了。普通散户投资者花费大量的时间和精力去上市公司实地调研，根本不现实。

股神巴菲特曾告诫那些喜欢依靠探听各种所谓内幕消息来玩股票的投资者："就算有足够的内幕消息和 100 万美元，你也可能在一年内破产。"巴菲特本人最喜欢的投资消息来源，其实就是可免费获得的上市公司财报。

部分渴求一夜暴富的投资者，讨厌学习，却喜欢打探内幕消息，就算一时侥幸得手，长远来看，必定是输多赢少。因此，既然选择投身股市，必须远离内幕消息，回归本源，宁可多花点精力，将自己锻造成常胜将军。

六、不预测顶底和具体涨幅

很多投资者包括名嘴，喜欢预测大盘和股价跌到哪里会反弹，涨到哪里会到顶，以及涨幅具体有多大。说实话，我认为这根本不靠谱，因为神仙都做不到。别说人类的预测行为本来成功的极少，失败的比比皆是，更特殊的一点，A 股市场至今未摘掉"政策市"的帽子，所谓的涨和跌，随时都有可能被一项突然出现的重要国家政策所影响。但不可预测不代表不可分析，相反，学会利用不同的指标工具去综合研判，顺势而为，才是科学理性的做法。因此，再牛的理论和指标，能否真正适应特殊的 A 股市场，见仁见智。为了诚实面对这个问题，这就要求我们在实战交易时，绝不能自我设限，非要等大盘或个股一定涨跌多少点或到什么价位，甚至多大幅度才出手，那就会陷入经验主义而不能自拔，因此，我建议应根据市场所处的阶段、政策力度、多个指标共同发出的信号等，来灵活进行买卖和管理仓位，绝对不能过于死板，毕竟，股市最大的不变就是变化。

七、学会取与舍

股市是一个充满着诱惑和危机的地方，与做人要懂得舍与得一样，投资股市要学会在适当的时候取与舍。比如，当市场形势一片大好，人人都争先恐后杀入场内买股时，要舍得失去一部分利润，提前卖股离场。相反，当市场绝望到极点，成交跌至历史地量，无人讨论股票时，你应敢于主动买套，敢于逐步入场买股。这一舍一取之间，看似可能丢失一点蝇头小利或暂时亏损，但却不失为精明者的投资之道。只有将为人处世的大智慧与投资股市相结合，才会在不知不觉中获得意想不到的财富。

记住：不为物役，不被财驭，精神才得以自由驰骋！

如何看穿"假重组，真双簧"

早些年，股市上流行一句话：资产重组是永恒的主题。哪怕一只烂股，只要和资产重组沾上边，股价不拉出十几个涨停板似乎都不好意思。

近几年，随着监管制度日趋规范，上市公司各种造假行为比之前已经大幅减少，但仍难从根本上杜绝。比如，2016 年 4 月 22 日，证监会通报了对六宗案件做出的行政处罚，其中一宗是重大资产重组中恶意造假并虚假信息披露案。证监会查明，广西康华农业股份有限公司、浙江步森服饰股份有限公司在重大资产重组过程中，康华农业为重组方，在披露的康华农业的主要财务数据中存在恶意造假和虚假记载。证监会为此决定对康华农业予以重罚：责令康华农业改正，给予警告，并处以顶格罚款 60 万元，对 14 名责任人员给予警告，并分别处以 5 万元到 30 万元罚款，对其中 1 名责任人采取终身证券市场禁入措施，2 名责任人采取 10 年证券市场禁入措施；责令步森股份改正，给予警告，并处以 30 万元罚款，对多名责任人员给予警告或并处以 3 万元到 5 万元罚款。

在现实生活中，人们常把两人一唱一和比喻为唱"双簧"。而在证券市场上，市场各方为了最大限度追逐利润，形形色色的"双簧"可谓形式多样，名目繁多。比如，有私募基金联合上市公司炒作股价的；有机构拉拢股评黑嘴胡吹借壳上市的；有主力勾结不良媒体或影响力较大的自媒体忽悠股民的。股市"双簧"的种类有很多，其中对资产重组题材的炒作，是最容易让散户投资者中招的。

目前，国内所使用的"资产重组"的概念，早已被约定俗成为一个边界模糊、表述一切与上市公司重大非经营性或非正常性变化的总称。在上市公司资产重组实践中，"资产"的含义一般泛指一切可以利用并为企业带来收益的资源，其中不仅包括企业的经济资源，也包括人力资源和组织资源。资产概念的泛化，也就导致了资产重组概念的泛化。正因如此，关于资产重组至今都无明确定义。

资产重组可以采取多种途径和方式。在欧美发达国家，资产剥离和购并是资产重组的两种基本形式。资产剥离是指将那些从公司长远战略来看处于外围和辅助地位的经营项目加以出售。购并主要涉及新经营项目的购入，其目的是增强公司的核心业务和主营项目。企业资产重组过程往往伴随着资产剥离和收购兼并活动同时进行。

一、资产重组的主要方式

在我国，随着社会经济的不断发展和企业改革的日趋深化，资产重组的方式可以说是多种多样，主要有 4 种：

1. 资产剥离

公司将一部分质量较差（或较好）的、不适合经营的资产出售给第三方（或作为出资与其他发起人共同发起设立股份公司），这些出售（或出资）的资产可以是有形资产或无形资产，也可以是整体的子公司、分公司或其他分支机构。剥离方式主要有向其他公司出售资产、管理层收购、职工持股计划以及与其他公司共同设立股份公司等。

2. 割股上市

母公司将其拥有的一家全资子公司的部分股权向社会出售并将该子公司上市。一般情况下，母公司常会保留对该子公司处于绝对控股地位的股权。

3. 公司分立

一个企业依有关法律及法规规定，分立为两个或两个以上企业。根据原公司是否存续可分为存续分立、解散分立。存续分立系原公司仍保留法人资格，分立出去的资产作为出资与其他发起人共同设立公司；解散分立系原公司注销，分为两个独立的法人实体。

4. 股份回购

股份公司由于经营规模小，产生资本剩余后通过一定途径购买回本公司发行在外的部分股权的行为，是通过减少公司的股本来调整公司资本结构的重要手段。

事实上，不少公司费尽心思进行资产重组，是有其几大战略目的的，包括：包装公司利润，争取新股发行额度，提高新股发行价格；提高公司净资产收益率，确保公司再融资资格；突出主业，剥离非相关业务，提高上市公司形象；挽救面临摘牌的上市公司；满足公司的资金需求等。

客观来说，正常合规的资产重组大多可以为相关公司带来诸多好处和巨额利益，一旦重组成功，有幸参与其中的投资者也能获得不菲收益，因此，我们不必对正常的资产重组带有偏见。鉴于资产重组涉及的利益主体和环节太多，其中任何一个环节出问题（如大盘行情、监管政策、交易价格等发生变化）都有可能导致重组失败。

不过，需注意，正是因为资产重组带来的经济利益太多，一些利欲熏心的人总爱打擦边球，想方设法玩各种把戏，甚至不惜违规造假，以身试法，而这种恶意行为带来的后果对上市公司和参与其股票交易的投资者可以说是灾难性的。

通常情况下，不管什么原因导致前期筹划的重组失败，股票复牌后大跌，甚至连续跌停比较常见，不幸参与其中的投资者难逃亏损命运。见图1-5-1新华锦（600735）。

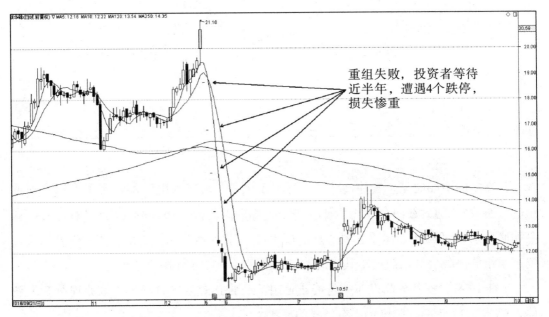

图 1-5-1　新华锦（600735）

2016年12月19日，新华锦发布公告称，公司正在筹划资产收购重大事项，鉴于该事项存在重大不确定性，为保证公平信息披露，维护投资者利益，避免造成公司股价异常波动，经申请，该公司股票自即日起停牌。2017年5月18日晚间，停牌半年之久的新华锦发布复牌公告称：由于双方对标的资产的估值分歧较大，难以达成一致意见，故终止了本次重组事项。随着2017年5月18日一纸寒意逼人的复牌公告，等待了近半年的投资者可谓空欢喜一场，随后几个交易日，新华锦的股价被打出4个跌停板，直至6月2日才止跌企稳，参与其中的投资者损失惨重。

无独有偶，与新华锦的投资者同样郁闷的还有安井食品的投资者。见图1-5-2安井食品（603345）。

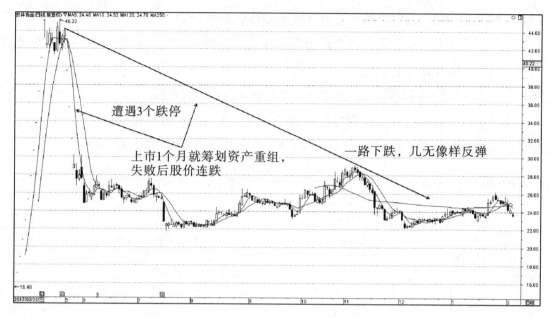

图 1-5-2　安井食品（603345）

与新华锦不同的是，安井食品上市刚刚 1 个月，就"闪电"停牌玩了一把谋划重组的"游戏"，随后在两个月之后便发布公告称重组失败。2017 年 2 月 22 日，安井食品如愿登陆 A 股市场。出乎意料的是，在 3 月 22 日，该公司突然发布了一份筹划重大资产重组的停牌公告，而这距其正式上市交易仅 1 个月时间。

5 月 19 日，安井食品发布一份终止重组的公告正式复牌，随后，该股连续 3 天跌停，截至 2017 年底，股价仍未有像样的反弹。

可能有朋友要问："作为普通散户，毕竟不是财务专家。我们又如何识破诸如此类的诡计呢？"其实，只要我们弄清楚了什么是报表重组，什么是实质重组，即可揭开资产重组的神秘面纱。从资产重组的动机来说，资产重组可以分为报表重组和实质重组，报表重组并不期待对企业的经营效率产生实质性的改善，只希望改变当期或短期内的会计报表数字，如提高利润、净资产收益率等；实质重组则可以提高企业的真实业绩，优化企业的资源配置，对企业的未来产生重大而积极的影响。因此，报表重组通常被称为"假重组"，实质重组被称为"真重组"。

对散户投资者来说，如何找到一种简便有效的方法，识别资本市场中假重组，重要性不言而喻。简要而言，报表重组是数字游戏，对公司盈利不会带来实质帮助，我们看重的自然是真重组。我认为，中小投资者可通过以下几个方法辨别"真假重组"：

（1）看重组规模。假重组涉及的资产规模一般不大，收购或出售的资产总额一般低于上市公司总资产的 50％，而真重组的规模相对较大，基本为 51％以上甚至更多，控股的意图明显。

（2）看主业。假重组通常不会改变上市公司的主业，而真重组则能够对上市公司主营业务带来实质影响，甚至是直接被替换。

（3）看目的。假重组有的为跟风式重组或忽悠式重组，也就是公司高层看到其他公司搞重组，自己也跟着搞一把。其做法往往是控股股东发布重组预案，然后抬高股价，高位减持获利，然后公告终止重组行为，目的是为了获取短期利益。而真重组的目的是为了企业做大做强。

（4）看高管变动。假重组大多不会伴随高层管理人员的大面积更换，最多做做样子。而真重组则不然，为了确保重组顺利推进，公司战略落实到位，都会有高管集体换血的动作。

通过以上 4 种简单方法，即便普通散户没有专业财务知识，仍然可以对层出不穷的突击性假重组进行初步比对分析。换句话说，只要稍微用心一点，无论市场主力与上市公司，以及主力与股评黑嘴联合编排的"双簧"多么精彩，也难逃鬼把戏终被戳穿的下场。

二、投资重组类股票必修课

仅从上述辨别资产重组的情况来看，可能有散户朋友会说，这股票投资太难了，要学的知识太多了。此话不假，但现在做什么不难呢？但也不必老是抱怨，毕竟股市投资最大的魅力就是里面既有陷阱，也有鲜花，说得直白一点，只要你学到了过硬的实战技法，外加一点运气，你几天的收益可能是人家一年半载的工资收入。比如，你投资 20 万元买了 1 只股，若暂获 3 个涨停，获利就是 6 万元，不少人辛苦一年，差不多也就这点工资收入。当然，所谓高收益自然伴随高风险，同比例的亏损也是有可能的。要做到趋利避害，除了前面谈到的如何避免跳坑等方面，散户在大规模投资股市之前，应做好如下几堂训练课：

1. 半仓实战

我有个同学，父母做生意的，前几年父母给了自己的宝贝儿子 10 万元用于炒股，但我这个同学对股市是一窍不通，逮什么买什么，而且次次满仓，生怕错失赚钱良机，结果不到一年，10 万元本金折腾得只剩下 3 万。后来，一气之下，这位同学干脆退出

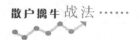

了股市。我曾告诉他，炒股风险和收益都大，必须得一边实战一边学习，可他觉得炒股无非就是买和卖，哪有那么复杂，根本听不进任何建议。

事实上，交易步骤确实只有买和卖。但要想赚钱，可就得经过训练了。这些年几波牛熊市转换下来，身边亏损累累的亲朋好友太多了。基于此，我建议，对于技术不过硬的初入者，可先半仓参与实战，前期以积累经验为主。比如，你投入 8 万元，可先动用 4 万买一至两只股票，对主力的操盘手法、KDJ 等主要实战指标、常见 K 线形态、均线系统、成交量这些常用知识进行必要的了解和熟悉，就算在技术不精的初学阶段有所亏损，但应不至于亏得分不清东西南北。

2. 参与涨跌停交易

股市实战中，涨跌停是股价最激烈的变动极限，对人的诱惑和心理折磨也是最大的。为了训练自己对股市的适应能力和平和心态，前期可动用少量资金，比如总投资金额的三分之一参与一两只股票的涨跌停交易，感受一下坐上云端或摔得生疼，这有助于你的心态会变得更加平和，甚至荣辱不惊。

3. 空仓观望

股市有涨跌，自然就有牛熊市。敢于空仓观望，与自己的内心博弈，是一种必须经历的磨炼。试想，如果你时刻都想满仓重仓，牛市自然不怕，反正买什么都涨，一旦熊市来临，搞不好遭遇严重亏损。

具体做法其实并不难，即便账户里有钱，当大盘震荡，方向不明或对参与个股交易获胜的把握性不大时，不妨选择两到三个月空仓，但在时间允许的情况下，还是要继续观察盘面和分析个股，看看自己的研判结果是否符合预期，进而提高技术水平，为日后规避风险和赚钱打下坚实基础。

第二章

提升：了解主力

有人说，A股市场的发展史，是一部主力的演变史，是一部散户与主力斗智斗勇的斗争史，也是一部管理层对主力的监控史，"无股不主力，有主力则灵"曾是A股市场上的特殊现象，尽管如今的主力变得更加隐蔽和低调，但主力依靠资金实力等优势，影响和主导股价一段时间走势的做法，仍在深刻影响着二级市场上的各方参与者。

说起主力，可谓是让散户投资者又爱又恨。没有主力，自己买进的股票长期处于不温不火状态，赚钱实在太难。尤其是短线操作，没有主力在里面，基本谈不上吃波段和做差价。与此同时，主力的终极目标也是赚钱，面对各路竞争对手，自然会利用自身的各种优势来给你挖坑、设套。而股价的涨跌背后，其实也是多空双方激烈博弈的结果。

中小投资者之所以输多赢少，主要还是对主力的了解太少，或者说对他们的操盘套路和打法不太熟悉。要知道，主力也是人，也有自己的弱点和命门。只要我们勤于学习，对强大对手进行深入研究，与主力共舞完全可以做到游刃有余。有道是：

且论主力且钩沉，战无不胜觅征尘。

短线操盘起底事，股海封侯助有神。

震仓洗盘应对妙，入场出货佳法承。

知己知彼取经客，最贵此间不天真。

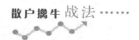

第一节

主力常胜的秘密

在枝繁叶茂的原始森林里，老虎、豹子、野猪、豺狼、兔子等性格迥异，实力不同的成员均生活其间。同样，在 A 股市场上，基金、券商、私募等机构，因为资金实力雄厚，专业人才较多，构成了大大小小、风格各异的主力。在很多散户看来，当自己老是亏钱时，对主力自然是恨之入骨。而当自己跟随主力成功赚得盆满钵满时，却很少对主力表达感激，只是对自己的英明决策大加褒扬一番。

其实，无论主力还是散户，彼此之间前世无怨，今生无仇，互相也不认识。他们之所以最终成为天然的竞争对手，主要还是因为自身利益的关系。在股海博弈中，因为占有的资源较多，主力更多的时候就像拥有十八般武艺的武林高手，指哪打哪，得心应手。而大量散户投资者因为客观上存在诸多缺陷，多半处于任人宰割的被动地位。

事实上，主力也是人，之所以能屡战屡胜，并不是真的拥有什么绝世武功和独门暗器，而是他们经验老到，经常利用资金和技术优势布桩设套，然后诱使散户来钻，这种力量对比本来就很悬殊，大多数时候主力取得胜利和散户遭遇惨败便成为常态。具体来看，主力拥有以下几大优势：

一、主力的六大优势

作为影响大盘和主导股价走势的关键力量，由各类机构组成的主力无疑拥有很多普通投资者所没有的巨大优势，包括如下六大方面：

1. 资金雄厚

既然要掌控几只或一批个股一段时间的走势，没有庞大的资金是不可想象的。实力稍弱的主力可调动几亿元参与交易，实力强大的主力更是可以动用几十亿甚至上百亿资金进入股市搏杀。当然，所谓资金雄厚是一个相对概念，现在，个别超级牛散，持股市值也可达到上亿元，但毕竟是极少数。

2. 拥有专业人才

主力无论大小，都是专业团队作战，并且掌握大量不对称甚至是尚未公开的内幕消息，而旗下的专业人才，有的来自海外投资机构，有的来自专业研究机构，有的来自身经百战的大户，人才优势是散户投资者很难比拼的核心优势之一。

3. 研究能力强

因为有专业团队，主力对国际国内政治经济环境、相关财经政策以及上市公司均有相当深入的研究，且对外在环境和政策的变化极为敏感，加上见多识广，应变能力较强。

4. 能影响或掌控目标股股价走势

因为资金实力强大，有能力在一定时期内影响或控制几只或一批目标股的走势，我始终认为，这是主力相对散户而言，最为关键、最具威力的优势。

5. 与上市公司及大股东关系密切

部分上市公司出于炒作股价的需要，对机构的态度和对普通散户是完全不一样的，加上机构实地调研的机会较多，因此，部分主力对相关公司的实际运营情况和未来计划了解得更多，在制订股票运作计划时，信心更足，成功概率更大。

6. 抗风险能力强

主力经常同时操作多只股票，当大盘行情变差，或跟风盘不多时，可采取同时拉动几只个股，形成互相配合、遥相呼应的赚钱效应，以减缓和抵抗非系统性风险。当然，对于系统性风险而言，大部分主力也是无可奈何的。

不过，散户投资者也不必气馁，尽管主力拥有普通散户投资者所没有的诸多优势，但操盘失败的情况其实时有发生，毕竟主力还要面对实力更强，打法也不一样的其他机构对手。散户之所以经常吃败仗，主力似乎战无不胜，归根结底还是散户对主力的手段和各种惯用伎俩不太熟悉，下面，我们就对主力惯用的七大花招，进行剖析。

二、主力惯用的七大花招

1. 尾盘突然拉高，吸引散户入场

A股每天交易时间虽然有4个小时，但重要的时间点其实只有几个，并不是全天都适合频繁交易，一般是9：30－10：00，11：00，以及14：00、14：30、14：45和14：50，在这几个敏感时间点上，很多主力会根据当天的大盘走向和市场氛围，来决

定自己的个股是大涨、冲击涨停，还是大跌、打至跌停。主力每天操盘，拉升和打压手里哪些股票，是要做周密计划的，而不是像散户一样随意性很强。其中，尾盘突然拉升是最常见的花招之一。主力会利用收市前的十几分钟甚至最后 5 分钟时间用几笔大单放量拉升，故意画出漂亮的收盘曲线。此时，很多不明真相的散户，一看股价突然拉高，生怕自己错失大好赚钱良机，来不及过多考虑就重仓杀入。而实际上，狡猾的主力一般会在第二个交易日故意让股价大幅低开，让前一个交易日杀入的散户立即被套。一旦散户耐不住折磨，把不住主力的意图，大多下决心割肉走人，此时主力又会把股价直线拉高，搞得刚刚卖出的散户以为马上要涨停，于是又转身杀进场内。就这样来回几次，主力在不断打压拉升中，顺利出掉手中获利筹码。

2017 年 8 月 14 日，盘整了几个月的生意宝（002095）开始启动，当天开盘价为 31.14 元，随后稳步走高，全天涨幅 2.13%，至 9 月 15 日的全天最高 46.98 元，短短 1 个月涨幅达 51%，此后两天，继续上涨。9 月 19 日，早盘略微高开后迅速回落，全天大部分时间在均价下方运行，13：50，主力突然上拉试盘，测试上档压力，然后逐渐回落。14：40，股价被强行由绿翻红，14：46，主力加大买盘力度，快速拉升，最后收于 46.04，全天上涨 1.37%。见图 2-1-1 生意宝（002095）分时图。

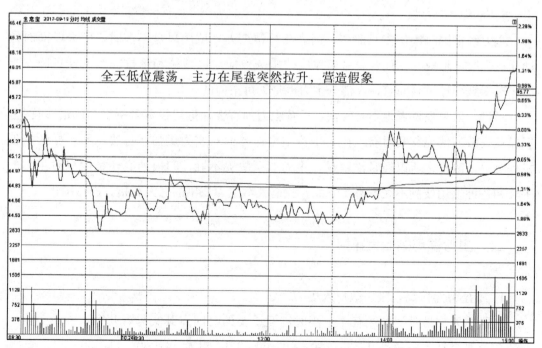

图 2-1-1　生意宝（002095）分时图

见此情形，加上临近收盘，不少投资者生怕此后再无入场机会，便慌忙买入。但此后的结果是什么呢？见图 2-1-2 生意宝（002095）K 线图。

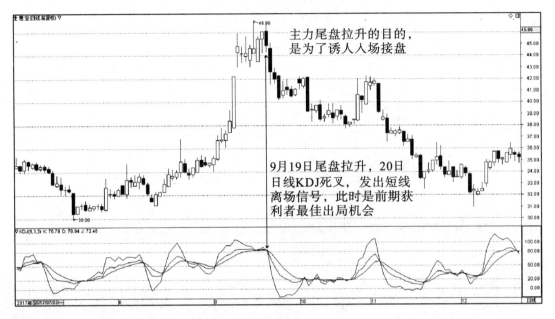

图 2-1-2　生意宝（002095）K 线图

很明显，9 月 19 日尾盘拉升的目的，原来是诱人入场接盘，此后两个多月，股价一路下跌。其实，如果前期获利的投资者或在 9 月 19 日尾盘买入的投资者，稍微留意 9 月 20 日的日线 KDJ，就会发现已经形成死叉，短线离场信号明显，此时，如果果断离场，就可保住前期利润或不至于亏损太大。

2. 盘中对敲，误导散户错误决策

根据十多年的实战经验，我发现，主力有时为了故意误导中小投资者，让对手做出错误决策，经常会进行盘中对敲。对敲的手法大致有以下几种。

（1）建仓吸筹阶段：通过盘中对敲打压股票价格，以便在低价位吃进更便宜的筹码。低位启动时，股价往往以小阴小阳的走势沿 5 日或 10 日均线持续上扬，然后突然出现成交量放大且股价连续阴跌，有时会跌破 10 日均线，但很快会收回，而股价连续下跌就是主力利用大手笔对敲来打压股价。图 2-1-3 为 2017 年 2 月 23 日至 2017 年 7 月 19 日鲁西化工（000830）的走势。

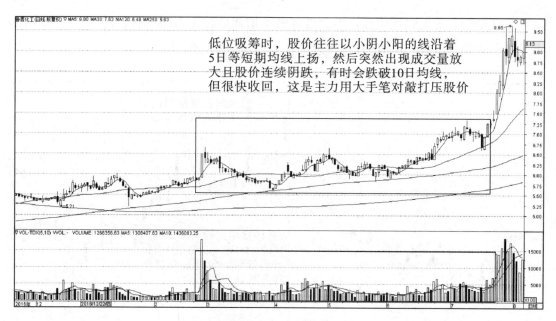

图 2-1-3 鲁西化工（000830）

其间，K线图的主要特征是：股票价格基本是处于低位横盘，但成交量却温和放大，从盘口看股票下跌时的每笔成交量明显大于上涨或者横盘时的每笔成交量。这时，每笔成交会维持在相对较高的水平。另外，在低位时主力更多地运用夹板的手法，即上下都有大的买卖单，中间相差几分几毛钱，同时不断有小买单吃货，其目的就是让持股者觉得该股抛压沉重，上涨乏力，从而抛出手中股票，主力趁机吃进。

（2）拉抬股价阶段：利用对敲的手法来大幅度拉抬股价。这一阶段，主力会利用手中已经收集到的筹码进行对敲，制造该股票即将暴涨的假象，刺激中小投资者的神经，减少日后在高位盘整时的抛盘压力，吸引大量散户跟进帮着抬轿。此时，散户投资者往往有买不到的焦虑感，需要高报许多价位才能成交，从盘口看，小手笔的买单往往不容易成交，而每笔成交量明显有节奏地放大。强势股的买卖盘经常是几百手或成千上万手，股价上涨很轻快，不会有向下掉的感觉，随着下方的买盘跟进加快，这时的大单会有所减少，因为对敲拉抬股价的目的，是吸引跟风盘，主力不可能像吸筹时那样再投入更多资金。

（3）震仓洗盘阶段：随着前期跟风入局者获利渐丰，但一轮股价的上涨目标又尚未达到此前制订的计划，主力一般会采用对敲震仓的手法使一些不够坚定的投资者出局。从盘口看，在盘中震仓洗盘时，高点和低点的成交量明显放大，这是主力为了控制股价涨跌幅度而用相当大的对敲手笔控制股票价格造成的。

（4）高位出货阶段：经过高位的对敲震仓之后，股价再次以巨量上攻。这时主力开始出货，从盘口看，买一、买二的位置经常有大手笔，似乎买盘强劲，而卖一、卖二并没有非常大的卖单，散户眼看下方有大买单，以为是主力，于是赶紧买入，但很快会发现自己的买单成交了，而买一或者是买二位置的大买单已经消失不见了，这往往是主力运用微妙的时间差报单的方法对经验不足的投资者布下的陷阱，换句话说，散户吃进的筹码往往是主力事先迅速挂出的卖单。

（5）反弹出货阶段：经过边拉边派发或高位派发等方式，主力此时已经大赚一笔，股价开始缓慢下跌，许多跟风买进的中小散户已经套牢，成交量明显萎缩。为了把手里剩下不多的筹码全部交给接盘者，主力会在盘中用几笔较大的买卖单连续对敲，制造多头卷土重来的假象，给场内外的投资者以新的希望。待拉到一定价位跟风盘再度涌进后，再把最后的筹码顺利卖出，一轮完整的个股炒作宣告结束，主力开始转战下一只早已选定的目标。

3. 利用涨跌停板隐蔽出货

通常情况下，如果当天主力想在涨停板上出货，势必会在早上一开盘，立即以迅雷不及掩耳之势将股价拉到涨停板上，然后在涨停价位置挂出巨量买单。此刻，中小投资者一看主力早盘就敢封上涨停，必定实力强大，心想如果跟随及时，吃两三个涨停板应该问题不大，很快，短线跟风盘密集买入。

前面说过，小散的单个资金都不大，但一旦形成合力，其吃货能力是相当吓人的。一旦发现买入大量跟进后，主力立即把此前挂上的大买单逐步撤掉，然后在涨停板上挂出大卖单，这种出货方式较为隐蔽。当买盘渐少股价有所回落时，主力又封上一定量的买单，维持涨停，然后又反复撤单和派发。只要封单稳定，主力可以派发不少获利筹码。

而跌停板出货，主力多半选择在集合竞价或遇临时停牌10：30复牌时，直接以跌停板开盘。然后，先用巨量打开跌停，并快速拉高，中途还会反复几次。此时，很多投资者一看有机可乘，马上跟风吃进。如果在跌停板上还能吃到筹码，基本可判定为主力出货，此时主力已经赚了不少，因此决定用一点微薄的利润不断开板，吸引新的接盘者入场，自己则在跌停板快速出货撤离。见图 2-1-4 泰嘉股份（002843）分时图。

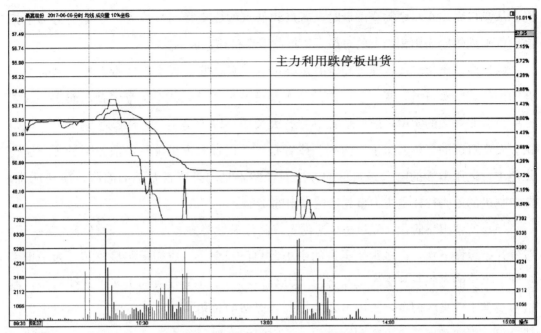

图 2-1-4 泰嘉股份（002843）分时图

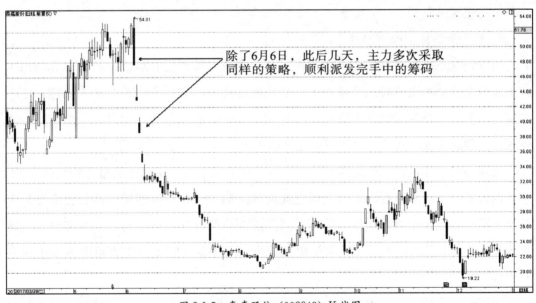

图 2-1-5 泰嘉股份（002843）K 线图

　　2017 年 6 月 6 日，前期已经大涨近 6 倍的泰嘉股份小幅低开，迅速跌停，盘中多次打开跌停板，制造再次拉升的假象，吸引跟风盘，获利丰厚的主力顺利派发手中筹码。随后，该股一路下跌，到 2017 年 12 月 5 日，该股更是跌至 19.22 元的阶段新低。见图 2-1-5 泰嘉股份（002843)K 线图。

特别要提醒的是，跌停板出货一般发生在股价刚刚经历了一轮炒作，已经处于相对高位的时候，如果是低位，就不存在出货的可能。

4. 利用股价巨震扰乱散户思维

股市交易中，各种情况都会遇到。有时，大盘运行平稳，也无突发性重大利空，多空双方并无剧烈厮杀。但有的个股，突然在盘中被一笔巨额大单把股价砸低不少，然后很快回到原来价位。或在一个涨停后面，立马接着跌停出现，让人摸不着头脑，而主力正是利用这种上蹿下跳的做法，扰乱你的思维，进而让你做出错误判断。

面对这种情况，在低位买进的人暗中高兴，没有买到的人觉得自己吃亏了，并随时准备入场。然后主力故技重施，进行多次大单砸盘、小单拉升复原，再次大单砸盘、再次小单复原的动作。经验不足的散户认为主力可能是故意在大幅冲高之前，给相关利益方输送利益，便不断买进。殊不知，主力正是利用这种剧烈震荡，暗中出掉手中筹码。

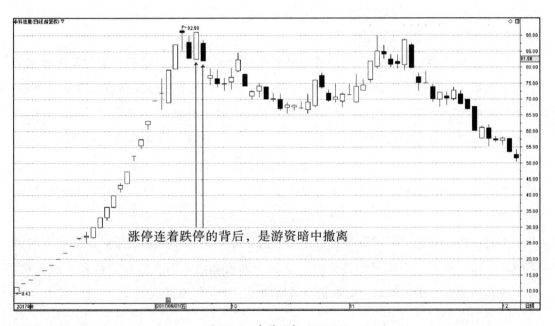

图 2-1-6 中科信息（300678）

我认为，当股价突然拉升或暴跌时，一般是主力测试盘中的其他投资者是否跟风，故不可匆忙决策。一般情况下，主力无论是拉升或打压，不会一蹴而就，后面还有的是入场或出场机会，千万别被主力扰乱了思维。见图 2-1-6 中科信息（300678）。

2017 年 9 月 25 日还强势涨停，9 月 26 日却封死跌停。次新股龙头中科信息活脱脱上演了一场"涨停接跌停"的精彩大戏。在股价大幅波动的背后，其实是活跃的游资在推波助澜。根据当时交易所盘后披露的龙虎榜显示，多家一线游资席位显现出大举撤离中科信息的迹象。

据媒体报道，在中科信息2017年9月26日的龙虎榜中，买入席位上榜资金较为分散，来自南昌、苏州、重庆、台州、杭州的5家营业部买入金额在500万元至1500万元不等，其中位居买一的营业部成交金额也仅占当日总成交的3.46%。

而更多的看点集中在卖出榜单。当日，中泰证券深圳欢乐海岸席位高居中科信息卖一位置，卖出金额4923万元，占当天总成交的11.62%。

事实上，中泰证券深圳欢乐海岸席位在短短1个月内已6次登上中科信息龙虎榜，在8月份的榜单中，该席位呈现单边净买入，买入成本大致分布在45元至60元区间。而在9月末的榜单中，该席位呈现大幅净卖出，卖出价格均在80元以上。虽然龙虎榜中信息并不能完全反映席位背后资金操作的全部流程，但在中科信息股价大幅上涨的过程中，其在已经获利的情况下，加紧离场是大概率事件。

5. 利用盘口委托单欺骗散户

因为资金优势，主力使用的行情交易软件多为收费版，能看到委买、委卖十档数据，多数散户则使用免费证券软件，而免费软件一般只有五个委买和委卖的盘口数据。一些狡猾的主力正是利用这点，设局欺骗散户。比如，让散户看到下方五个委买单都是大买单，而上方委卖盘全是小卖单时，一般人都会认为主力即将往上拉升了。而实际上，一旦看到大量跟风盘涌入，主力立刻撤掉买一处的单子，在上方卖一处填上卖单，从而达到自己出货，让散户接盘的真实目的。如果主力想打压吸货，则进行反向操作即可。

不过，即便如此，散户投资者也不必过分担心，毕竟做交易决策时，要参考的因素较多，盘口委买、委卖只是其中的一个判断因素而已，而且盘口只适合短线投机，并不能左右当天股价的涨跌，对中长期股价的影响更是微乎其微。

6. 利用高换手率骗人

通常来说，股票的换手率越高，表明交投活跃，但并不代表一定上涨，而是要结合股价所处的位置来进行综合分析。实际上，换手率到底是高些好还是低些好，要分具体情况分别对待。如果股价处于相对低位，换手率高当然是好事，说明有机构或大资金逢低买入，股价随后上涨甚至大幅拉高的可能性很大。倘若股价已经被连续拉高了，还出现比较高的换手率，而且股价已经涨不动了，这就很明显是主力已经在暗中加紧出货，股价随后下跌的概率比较大。此时千万别盲目追高了，否则容易落得高位站岗的下场。

那么，换手率的高低如何判断呢？通常，我们把低于3%的叫低换手率，高于10%的叫高换手率。换手率过低或过高，都不是好事，5%左右较为合理。不过，凡事都有特例。真正交易时，应将换手率和其他指标（如成交量、KDJ、MACD等）结合研判为宜，而且流通盘的大小也是较为重要的观察因素。因此，绝对不可盲目认为高换手率就一定好！见图2-1-7东方市场（000301）分时图。

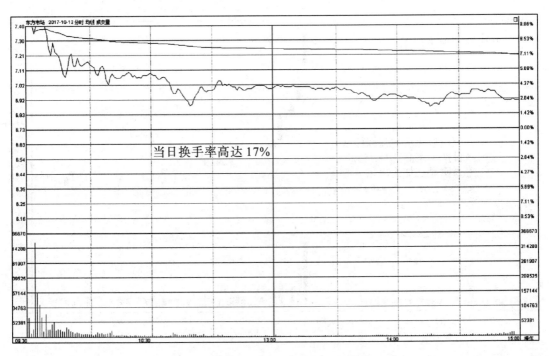

图 2-1-7　东方市场（000301）分时图

停牌半年后，东方市场于2017年10月9日复牌，当日迎来"一"字涨停，而为该股带来强烈上涨动力的是混改和重组双重利好。

消息面显示，东方市场拟向盛虹科技、国开基金非公开发行股份购买其合计持有的国望高科100%股权。交易完成后，国望高科将成为上市公司的全资子公司。此次发行股份购买资产的股份发行价格为4.63元/股，共计发行约27.50亿股。由于此次交易涉及国企混改和借壳上市，获得投资者广泛关注。

10月12日，东方市场召开了2017年第三次临时股东大会，逐项审议了公司向盛虹科技、国开基金非公开发行股份购买其合计持有的国望高科100%股权的重大资产重

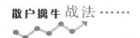
组相关议案。根据投票结果来看，股东对此次重组给予了高度的认可，各重组相关议案均获得股东大会高票通过，赞成率都超过99％，而股东大会的顺利通过也标志着此次重大资产重组取得了实质性进展。

　　然而，股市有句俗话，利好兑现即利空，利空出尽是利好。12日，已经连拉3个涨停的东方市场早盘以涨停开盘，但上方获利盘开始涌出，主力趁势出货。当日收盘仅涨2.67％，但换手率高达17.1％，成交量暴增。很明显，当日奋勇入场的，结局相当悲惨。见图2-1-8 东方市场（000301）K线图。

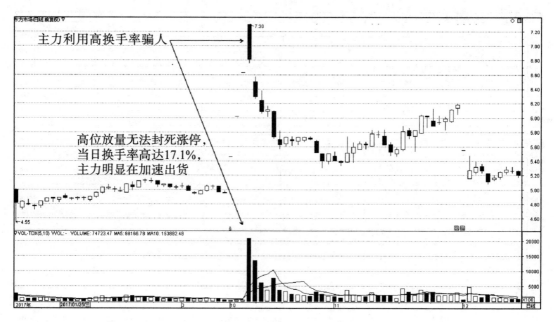

图2-1-8　东方市场（000301）K线图

7. 利用突发消息达到目的

　　全球股市多多少少都要受到国家宏观政策的影响。其中，被打上"政策市"烙印的A股市场更是如此。有时，当市场上突然传出重大政策利空消息时，大盘和个股会应声下跌，甚至出现崩盘式跳水，此刻具备长远战略思维的主力，会不失时机地在低位悄悄收集散户抛出的廉价筹码。而当市场出现重大利好政策时，散户疯狂杀进场内，主力会毫不犹豫地在上涨过程中派发获利筹码。

　　不过，要特别注意的是，突发消息在不同的市场阶段，其效用可能会被放大或忽视。比如，当大盘处于牛市时，即便突发利空消息，处于亢奋状态的投资者基本会选择忽视，而一条普通利好消息则会被无限放大；相反，在熊市阶段，任何利好消息都激发不起投资者的热情，即便较为普通的一条利空消息，也会吓得不少人丢盔弃甲，大量的抛盘又进一步助推股价下跌。

三、主力操盘六大步骤

主力要想在股市上成功获利，依然和散户一样，通过低买高卖来实现，而且不论是长主力还是中短主力（超短主力的步骤会简化），大致都有如下几个步骤，部分环节还会根据实际需要重复使用，如洗盘和拉升。见图 2-1-9 中短线主力操盘流程。

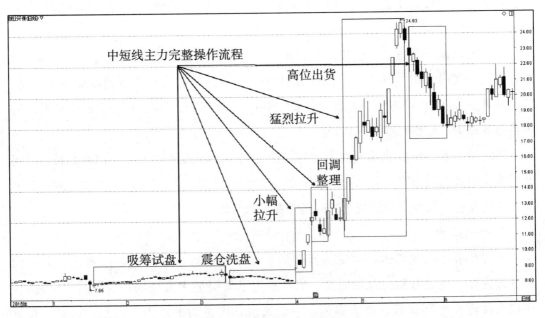

图 2-1-9　中短线主力操盘流程

1. 吸筹试盘

为了尽量做到万无一失，主力在决定运作一只或几只股票前，都会做周全的准备和严密计划，包括组建团队、对政策进行研究、调配操盘资金、制定意外情况应对预案等。

建仓才是操盘的第一步。基于成本考虑，主力通常会选择大盘和目标个股持续下行到一定点位时，风险得到较大程度释放后再吸筹建仓。而建仓吸筹的时间各有不同。通常，短线主力建仓的时间为 1—10 天，中线主力建仓的时间为 10—30 天，长线主力建仓的时间为 1—12 个月。不过，如果外部环境出现突然的巨大变化，比如央行降准

降息等，主力的建仓时间会加快或减慢。

而一旦手里收集了一定筹码后，主力会试探性拉升，测试上档压力有多大，观察有无潜伏其中的老主力、跟风盘的意愿和热情，然后再决定下一步怎么做。试盘时间上，短线主力可能只有盘中 30 分钟或一两天，中线主力的试盘时间可能需要 1 周；而长线主力的试盘时间则更长。

2. 震仓洗盘

当主力觉得手里的低价筹码收集得差不多了，打算正式拉升前，还会进行震仓洗盘，这一步最主要的目的是提高市场平均持仓成本，把底部跟进的不坚定投资者清洗出局，换上另一批看多的散户。同时，通过高抛低吸赚取差价，主力也能腾出部分现金，为后期拉升股价做准备。

洗盘的位置一般在主力进货位上方不远，通常的形态是横盘震荡或剧烈震荡。当然，也有些强悍的主力喜欢采取狠砸猛打的方式洗盘，将股价打压到市场均价以下，甚至跌破 5 日和 10 日均线，但通常会很快收回，以免把人气彻底搞散，后面拉升时跟风接盘者稀少，反而打乱操盘计划。

从时间上看，洗盘的时间如果太短，往往很难将浮筹清洗干净；如果太长，又可能引发持币者入场抢筹；所以短线主力的洗盘时间大多在两三天，中线主力的洗盘时间在 1 周左右，长线主力的洗盘时间通常在 1 个月以上。

3. 小幅拉升

主力在低位吃饱筹码、清洗掉浮筹后，便开始进行小幅拉升，以测试上方压力和下方支撑。在上升阶段拉抬股价，当然是为了吸引更多人进场，后面高位出货时，能找人接盘卖个好价钱，扩大赢利。一般来说，因主力的实力、习惯、风格、背景和大环境的不同，拉升的方式也是各种各样。比如有闪电式拉升、台阶式拉升、震荡式拉升、进二退一式拉升等，但第一波拉升幅度都不会太大，时间通常在三五天。

4. 回调整理

在拉升过程中，肯定有一些经验丰富的中小投资者率先杀进来。如果不将这些已经获利的人赶下"牛背"，可谓后患无穷。于是，当主力将股价拉抬到一定的高度时，大多会停止拉升，放任自流一段时间，或动用少部分筹码往下打压，造成出货迹象，从而迫使一些获利者抛股离场，换上另一批新的看多者上车，以有利于行情的继续上涨。

5. 猛烈拉升

经过回调整理之后，主力大多会进行猛烈拉升，这一阶段是每个骑上"牛背"的投资者最期待、最激动人心的幸福时光。第二次拉升的幅度通常较为猛烈，速度很快，斜度较大，甚至连续涨停。通过这种方式，能很好地刺激一直观望的持币者快速入场，为后面出货聚集人气。

猛烈拉升的时间有长有短。短线主力一般在 10 日以内，中线主力和长线主力一般很少采取这种猛烈的方式，更多的是台阶式拉升，不知不觉中股价翻倍。至于拉升空间，则与大盘走势、消息面及题材大小密切相关。

6. 高位出货

当股价达到自己设定的目标位，或者大盘形势变坏时，主力会选择比较有利的时机高位出货。通常，主力会在上市公司发布利好消息、市场热情高涨、跟风者戒心全无时抛出筹码。当然，出货需要时间，不可能把前期建仓期间的筹码一天都卖完。通常，短线主力的出货时间为 1 周左右，中线主力的出货时间为 1 个月左右，长线主力用时会更长。

至于出货的方式，也是形式多样的，如边拉边出式、打压跳水式、绵绵阴跌式、反复震荡式、反弹式等。

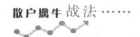

第二节

遭遇败仗的主力

前面说到，主力尽管实力强大，经验丰富，但如果遇到大盘行情持续走低、目标公司被监管部门处罚、自身资金链断裂、更强大的新主力入场搅局等不利因素，同样会导致主力操盘失败。这种案例比比皆是。主力遭遇败仗的大致原因有如下几点：

1. 决策失误

所谓决策失误，包括此前制定的计划不够周密，对宏观经济变化、大盘走势和国家政策出台的时间和力度等判断错误，甚至是完全相反。决策失误属于战略级别，对机构来说是致命的。

2. 选股失误

选股失误也是致命的因素之一。比如，经过周密考察分析觉得无任何问题的公司，突然被曝出大问题，甚至遭到监管部门处罚；曾与上市公司达成相关默契，但对方反悔变卦等。其中任何一步出错，都会带来巨额损失，尤其是运作已经开始，处于拉升阶段再出问题，上方抛盘如雨，下方跟盘稀少，主力原来计划的护盘资金根本扛不住，只能任由股价高台跳水。

3. 资金链断裂

运作股票前，主力都会提前将资金筹集调配到位，有的还准备一点发生意外时的备用金。但市场千变万化，主力在资金的运用上不可避免会遇到预料不到的情况，比如借贷来的资金被对方以急用提前收回，监管部门严查违规资金等，即便计划尚未得到严格执行，目标也未完成，主力也只能提前卖出股票予以应对。

4. 管理失误

操盘都有一个时间周期，运作期间，包括外部合作伙伴、团队内部人员等相关各方，为了私心和所谓的有面子，难免不小心将运作计划泄露出去，进而导致有人抢筹、提前出货等情况发生，彻底打乱计划。

5. 发生内讧

随着监管水平的提高，惩罚力度加大，与早年的主力喜欢单干不同，目前的主力喜欢联合作战。不过，面对巨大的利益诱惑或意见不合，合作伙伴发生内讧是很难避免的，于是相互拆台、提前兑现利润等现象时有发生，最终的结果就是计划被打乱，以失败收场。

我经常说，散户投资者也不必将主力视为神一样的存在，他们同样也有七情六欲，同样也会遭遇惨败。见图 2-2-1 蓝黛传动（002765）。

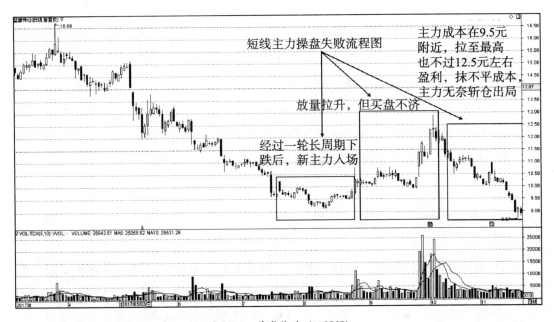

图 2-2-1　蓝黛传动（002765）

蓝黛传动自 2017 年 3 月 28 日的最高点 16.68 元以后下跌开始，至 8 月 11 日，最低跌至 9.11 元，跌幅已达 45%，短期投机价值体现。此时，短线主力开始入场建仓。

新主力入场后，依然采取了试盘、小幅拉升、回调、大幅拉升等环节，但主力发现，即便在第二波拉升时，勉强打出 2 个涨停板，但上档抛股压力较大，跟风买盘实力不济。2017 年 10 月 10 日，尽管当日成交额 3.04 亿元，金额达到阶段高点，但当日却是冲高回落，涨势未能持续，最终收出十字星，多空分歧明显。

2017 年 10 月 11 日，大盘继续上行，应该说大势配合良好，但主力已经无力拉升，从建仓成本看，该短线主力成本在 9.5 元左右，而 10 月 10 日，该股最高价也不过 12.89 元，除去控盘成本，短线主力至少要拉升一倍，才多少有点赚头来初步估算，该短线主力在蓝黛传动上的获利明显不足以覆盖成本，只能果断卖股撤离，操盘宣告失败。随后，该股开始连跌。

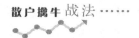

起底短线主力操盘手法

主力分很多种，后面会详细说到，不同主力的操作手法区别很大。有的超级主力运作目标股的周期长达几年，建仓、拉升和出货相对温和，股价很少暴涨暴跌，散户投资者要想跟着"吃肉"需要极大的耐心。而有的主力如私募和游资，专做短线和超短线，手法凶狠，来去如风，甚至操盘的环节也大大简化。此类主力不受保守型投资者欢迎，风险承受能力强且喜欢做差价和波段的投资者却比较喜欢。其拉升的方式有逼空式、台阶式、震荡式，而下跌的方式又有跌停式、台阶式等。

一、主力操盘的三大黄金时间点

散户投资者大多喜欢短线操作，那么，短线主力常见操盘手法或者说操盘时点有哪些呢？通常有以下三个：

1. 开盘

除非是公司前一晚有突发性特大利好，第二天开盘后立即被蜂拥而至的各路买盘封死涨停，大多数选择开盘即进行猛烈打压或狂拉的主力，多半是为了试盘或画出利于自己的技术形态，瞬间打压或拉高的时间不会太长，随后恢复小幅波动走势，仿佛飓风骤雨，来去匆匆，主力在测试完恐慌抛盘和跟风者有多少后，再根据全天大盘走势和自身资金实力筹划下一步操作。

比如，部分主力为了尽快吸引中小投资者跟进抬轿，降低自身成本，会在某只股当天一开盘就突然拉升，此后不需要用多少资金即可达到跟风盘不断买入，而股价持续上涨，自己暗中出货的目的。下面以乐心医疗（300562）为例。

作为次新股，乐心医疗曾在 2017 年 7 月 19 日最低跌至 18.77 元，随后有一波持续两个月的走势。国庆后，已经小赚一笔而资金实力并不强的短线主力决定采取开盘强拉的方式，吸引跟风者入场接盘，自己则暗中出货。2017 年 10 月 10 日，早盘小幅高开后，迅速拉至涨停。中小投资者见此势头，深信新一轮升势来临，立即杀进场内。

见图 2-3-1 乐心医疗（300562）分时图。

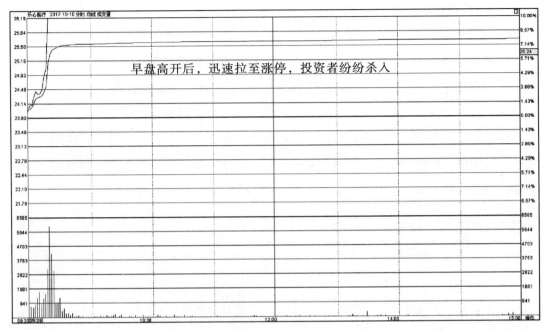

图 2-3-1　乐心医疗（300562）分时图

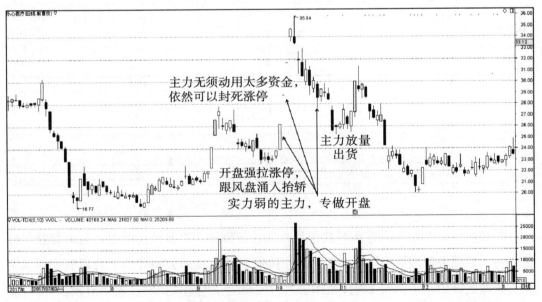

图 2-3-2　乐心医疗（300562）K线图

　　此后两天，成交没有放大，主力其实并未动用多少资金，股价继续封死涨停。10
月 13 日，涨停打开，成交量急剧放大，主力出货。14 日，乐心医疗冲高回落，主力无

心恋战，继续大肆出货。随后，股价加速下跌，主力出逃完毕。见图 2-3-2 乐心医疗
（300562）K 线图。

2. 下午开盘

经过风平浪静的上午，主力对当天的大盘行情和目标股已经心中有数，或者是突发
利好、利空消息，主力也会充分利用起来。下午 1 点开盘后，很多投资者还没回到交易状
态，成竹在胸的主力在接下来的时间里，会开始执行早已筹划好的作战计划。如果是实
力强大、决心很大的主力，会根据自身需要很快用大卖单将股价打至跌停，或用大买单
很快封死涨停，让恐慌者交出筹码或来不及买进。这种午后开盘突然行动的做法，主力
所需的资金一般不多，成本较低。见图 2-3-3 航天科技（000901）分时图。

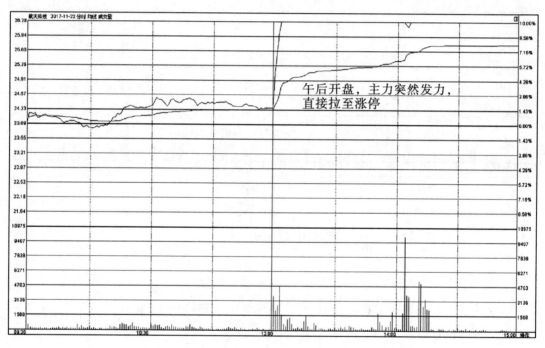

图 2-3-3　航天科技（000901）分时图

2017 年 11 月 22 日，航天科技午后直线拉至涨停。当日消息面上，航天科技午间
公告称，经国务院国资委批准，实控人中国航天科工集团公司完成了公司制改制及更
名。企业名称由"中国航天科工集团公司"变更为"中国航天科工集团有限公司"，企
业注册资本由 72.0326 亿元变更为 180 亿元。

看起来，改名增资是利好，但算不上重大利好。不过，主力还是可以暂时利用一
下出掉手里的存货。

但这种午后出手或利用突发消息做盘的主力，通常实力明显弱于早盘一开盘就封死涨停的那种。有时带有诱骗性质，且一旦诱骗成功，股价很快恢复之前的趋势，一旦入场，就算你想撤退，也只能以止损的方式离场。见图 2-3-4 航天科技（000901）K线图。

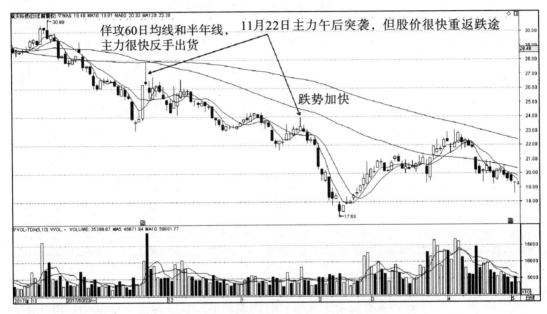

图 2-3-4　航天科技（000901）K 线图

3. 收盘

从 14：30 到 15：00 收盘的 30 分钟，一般称为尾盘，而我将尾盘定义为 14：40 到 15：00 收盘的最后 20 分钟。专做收盘的主力一般资金量不大，只能采取突然袭击的方式，以节约成本，他们通常在收盘前 15 分钟或最后 5 分钟瞬间打压或拉高，这种手法对主力来说，好处是显而易见的。

比如，一只股全天一直在均价线附近横盘波动，临近收盘，大多数投资者已经打算放弃交易，甚至关闭软件收工了，而心思缜密的主力为了达到震仓洗盘或吸引跟风盘的目的，只需在尾盘动用不大的资金量即可将股价打落或拉升几个百分点。

面对尾盘突袭的主力，散户投资者如果觉得把握不准，最好不要随便杀入，而应密切注意第二天的开盘情况。通常，在大盘稳定，无重大利好或利空消息的情况下，目标股第二天会保持前一个交易日的惯性，顺势低开或高开。此时，投资者就要结合多个技术指标，来研判主力是在拉升、洗盘还是出货，并随机应变做出决策。见图 2-3-5 多喜爱（002761）分时图。

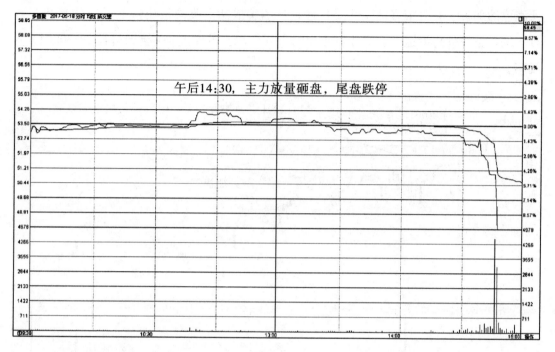

午后14:30，主力放量砸盘，尾盘跌停

图 2-3-5　多喜爱（002761）分时图

2017 年 5 月 18 日，多喜爱当天大部分时间围绕前一日收盘价窄幅波动，但从 14：40 左右开始砸盘，仅不到 10 分钟的时间，直接放量跌停，这让很多期待该股再次起飞，突破几根均线压力的投资者措手不及。而当天上证指数并未暴跌，仅小跌 0.46%，多喜爱公司本身也并无重大利空。

那么，这种收盘前的暴跌，可以介入吗？我始终认为，如果你技术还不过关，对后市行情没太大把握，最好不要冲动入场。事实上，这次暴跌恰好是主力的出货行为，而且技术上显露无遗，不难判断。

在经历了前一波自 2017 年 1 月开始的上涨后，至 2017 年 5 月中旬，多喜爱的主力已经没多少耐心，干脆来个放量出逃。从技术上看，5 月 18 日的尾盘跌停，跌破多条均线，而且几条均线都开始向下勾头，MACD 下穿 0 轴，绿柱放大，技术形态遭到完全破坏，后市下跌是大概率事件。很显然，如果在跌停当天尾盘入场，亏损已经可以预期，因为第二天该股低开低走，收盘下跌 2.62%，此后更是一路下跌。见图 2-3-6 多喜爱（002761）K 线图。

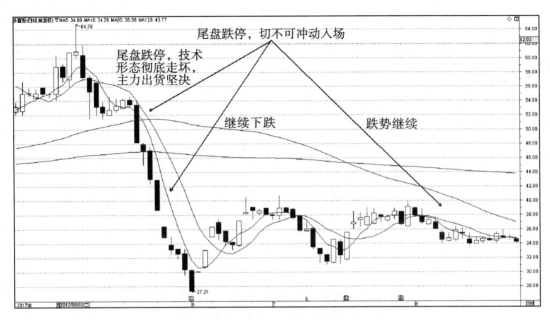

图 2-3-6　多喜爱（002761）K 线图

二、警惕主力的逆反操作

有人说，主力之所以能屡战屡胜，是因为他们擅长逆反操作，此话很有道理，而大部分散户是很难做到这点的。主力的逆反操作通常有如下几点：

1. 大盘逆反

散户操作一只股票时，喜欢等大盘趋势彻底转好或转坏，再决定买或卖，这本身没有问题，我也一直建议宁可稳妥一点，不宜过分冒进。主力之所以敢于逆反操作，是因为具有散户所没有的诸多优势。他们经常是在大盘极度恐慌，跌幅达到一定程度时，悄悄在低位耐心吸货，而当大盘处于疯狂阶段，对任何利空都忽视，主力却暗中在高位卖股。

2. 消息逆反

当大盘处于平稳期，而目标个股突遇利空或利好消息时，中小投资者的选择大多是恐慌抛股或疯狂买进。此时，主力会在第一时间，运用自己的专业知识，对消息的重要性进行分析判断，与上市公司联系紧密的，会马上向对方求证，然后根据分析结果，再快速做出趁机吸货还是卖股的决定。

3. 操作逆反

其实，任何一个判断正确与否，都是通过实际的买与卖实现的。因此，主力除了思维上与散户投资者不同，操作行为的逆反才是关键。而操作的逆反，又分为高位逆反和低位逆反。比如，主力在进行低位逆反操作时，通常是在一段时间横盘后，愿意卖股的越来越少，主力在低位收集的筹码还不够时，会先放量拉出一根中阳线，看起来似乎是宣告股价正式启动，而持股的投资者无不沾沾自喜，就等着持股待涨解套。但第二天直接大幅低开，并迅速打至跌停，之前一直不肯交出筹码的投资者一看突然暴跌，心想肯定有什么重大利空消息即将公布，牙根一咬忍痛抛股。如果还不够恐慌，第三天继续故技重施，不出几天，原本以为拉升在即的持股者实在忍受不了折磨，只得"缴械投降"。

主力震仓洗盘的应对办法

如果要问散户投资者在股市最懊恼的事情是什么，相信好不容易骑上"牛背"，最终被主力震仓出局肯定排在第一。那么，洗盘到底是什么意思？洗盘的方式有哪些？散户如何应对主力震仓洗盘？本节进行重点分析。

简单来说，洗盘就是主力在运作一只股票的过程中，为清理掉立场不坚定的跟风盘，抬高跟风者持仓成本，必须想尽一切办法迫使一部分在低价买进，随时想溜走的中小投资者提前卖股离场，以减轻后市股价上行压力。同时，通过洗盘时的高抛低吸，也能降低自身成本，其最终目的自然是尽可能地扩大利润。

一、洗盘的三大目的

不管采取何种方式和策略，通常情况下，主力洗盘的主要目的有三个：

1. 逼退不坚定者

一只股票一旦开始试盘，小幅拉升，势必会吸引不少跟风者。随着股价逐步上涨，下手较早的投资者获利越来越多，股价越往上，这些人兑现利润离场的欲望越强烈。而后知后觉的跟风者因为入场时间较晚，成本高，因此不会轻易抛掉，为了减少日后大幅拉抬股价时获利盘回吐的压力，主力便会根据大盘行情或结合个股消息面情况，择机进行震仓洗盘。把前期入场较早的部分投资者吓跑，换一批投资者入场。

根据诺贝尔经济学奖得主卡尼曼的"前景理论"，人在获利与亏本时的心理状态是不一样的。散户在有点赢利时就愿意落袋为安，获利越多，这种动机越强。一旦被套时，反而不想换股，一种死扛到底的心态。主力经过一到两次几天或更长时间的洗盘之后，后面进入的小投资者持股成本都变得很高，不会轻易割肉，主力拉升时上档抛压会大大降低。

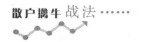

2. 摊低主力持股成本

主力的资金无论是自筹，还是拆借来的，都是有成本的，如果是高利贷，偿还压力更大。于是，主力通过洗盘，兑现部分利润，可抽出部分资金用于下一步拉抬。主力的每次洗盘，都是高抛低吸的好机会，据估算，每次洗盘，主力的成本可降低4%左右。

3. 给新的跟风者上车的机会

有的投资者眼看目标股涨了上去，觉得成本太高便放弃追涨，而洗盘给了这一批人新的上车机会。此外，震仓洗盘也可以让被震出局者后悔，让经验不足的持股不动者心烦意乱，甚至搞不清洗盘与出货的区别，利于后面主力出货时，让部分散户认为可能还是洗盘，于是持股不动，甚至追加买盘，从而掩护主力高位出货。

二、洗盘方式和手法

对大部分实战技能本就欠缺的投资者而言，因为震仓洗盘和主力出货很多特点比较接近，有时确实很难把握到底是洗盘还是出货，尤其是有的实力不强且无心运作太久的主力，或将出货的技术形态做得跟洗盘一样。虽然每一个跟主力者都期待能在低位杀进去，高位跑出来，但站在主力的立场来看，洗盘是极其必要的环节。主力抬轿出力，散户坐轿享福，是根本不可能的。

不过，即便如此，也不必过于担心。前面说过，主力再凶狠，也是人，其洗盘方式和手法万变不离其宗。

1. 四大洗盘方式

（1）急速打压。这种方式杀伤力强，短时间内股价跌幅较大，对主力操盘方式不熟悉或信心不足者容易在第一时间"缴械投降"。这种方式一般在建仓吸筹阶段使用，目的是为了吓唬散户交出低价筹码。具体表现：开盘时故意大幅低开或高开，随即用大单往下拼命砸盘；有时主力还会采取连续几天下跌，直接砸穿5日均线或10日均线。如果觉得浮筹太多，主力还会在拉升过程中运用打至跌停的策略继续凶狠洗盘。见此情况，部分投资者赶紧割肉出局。见图2-4-1大立科技（002214）。

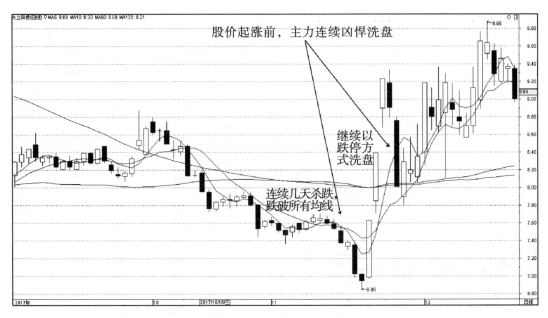

股价起涨前，主力连续凶悍洗盘

继续以跌停方式洗盘

连续几天杀跌，跌破所有均线

图 2-4-1 大立科技 (002214)

此外，尾盘突然跳水也经常被主力采用。具体表现是，在 14：50 或最后 5 分钟接近收盘时，上方会出人意料地出现大卖单，直接把股价打下几个百分点，直至跌停。由于速度较快，很容易让毫无心理准备的持仓者慌忙抛股离场，主力则暗中接货。

（2）上蹿下跳。这种方式一般在筹码收集阶段使用，具体特征为，股价在几天或某一天内，要么毫无规律地收出中阳线或中阴线，或盘中先快速翻红，随即快速翻绿，如猴子般上蹿下跳，但全天收盘时股价相比前一交易日并无太大变化，从 K 线图上看显示为带长长上下影线的十字星（或十字线）。因为波动幅度较大，很多散户搞不清楚主力意图，为求安全，经常先行卖出。

（3）边拉边洗。这种方式通常在上涨途中使用，目的就是为了清洗不坚定的短线获利盘，具体特征为，经常短暂跌破 5 日或 10 日均线，但跌幅一般不会太大，跌破短期均线很快收回，多半在 3—10 个交易日。因为主力也要考虑一旦散户全被吓走，人气溃散，后面出货无人接盘。从 K 线图上看，很少出现光头阳线，大多为小阴线，且伴随着底部不断抬高。见图 2-4-2 华西股份 (000936)。

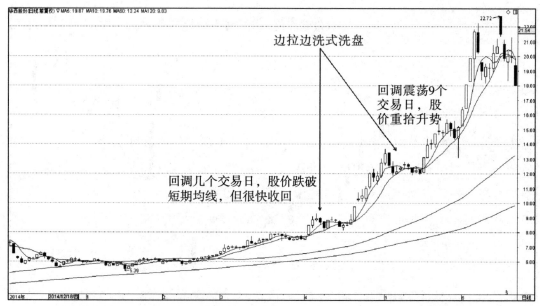

图 2-4-2 华西股份 (000936)

（4）沉闷横盘。这种方式通常在上涨途中使用，目的也是为了清洗心急的短线客。当股价经过一波小幅拉升后，主力会故意在一段时间内构筑一个整理平台，当股价上涨过大时，主力用大卖单打落下来，股价下跌过大时，主力又用大买单护盘，这种涨跌幅度很小的沉闷横盘走势，极易让心急的短线获利者失去耐心，进而选择卖股离场。而横盘的上轨一旦被强势突破，便会开始强势上攻，甚至连续涨停。见图 2-4-3 寒锐钴业（300618）。

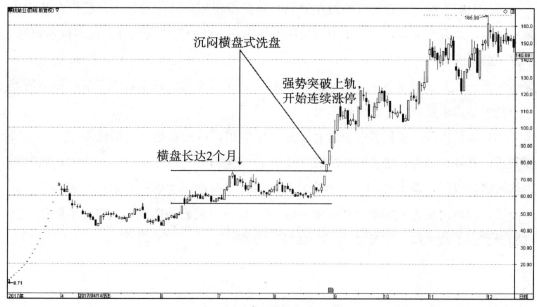

图 2-4-3 寒锐钴业 (300618)

2. 四种洗盘手法

（1）大幅高开杀跌。此种手法经常出现于股价高档无量，而低档承接力量较强时。在分时图上，我们可以看到股价开盘价很高，甚至涨停，但马上有大单下砸。有的甚至在盘中直接触及跌停。然后主力低位吃货，推动股价缓慢回升。

（2）直接跌停开盘。这种手法极为凶狠。主力直接将目标股用巨单砸跌停开盘。一般情况下，散户看到跌停，以为突然遇到什么重大利空，为防止后面继续下跌，只得以跌停价卖出。待跌停杀出的股票到达一定程度而不再增加时，主力乃迅速将自己的跌停板上的卖单撤掉，一下将散户的跌停抛单吃光，往上拉抬，而其拉抬的力度视其所吃的筹码多寡而定，通常主力一定要拥有大的筹码时，才会展开行动，在盘中突然拉高，让先前卖出的人后悔不已。

（3）窄幅震荡。这种手法比较磨人，即一段时间内股价没有明显变化，仿佛没有主力，股价又回到由散户为主的时代。从盘面看，上方有大量压单，下方买单也不少。有时甚至连续几天走势都比较沉闷，成交也出现缩量，由于股价波动较小，搞不清楚状况的投资者实在受不了"磨洋工"，大多会换股操作。于是，主力清洗浮筹的计划得以实现。见图 2-4-4 万泽股份（000534）。

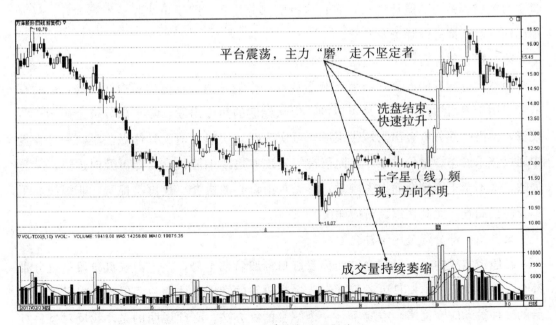

图 2-4-4 万泽股份（000534）

（4）忽高忽低。这种方式极具迷惑性。因为股价一会儿上攻，一会儿跳水，投资

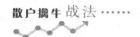

者也摸不清主力到底是何意图。不过，不管主力运用什么手法，成交量均会出现异动。比如，股价在第一轮上攻前，成交量会有一个逐步放大的过程。而在第二轮洗盘时，成交量会出现萎缩。

三、散户应对洗盘的三大绝招

因为主力拥有资金、技术、信息等优势，一旦开始洗盘，相对弱小的散户经常心慌意乱，并做出错误决定，但只要坚持运用如下三大绝招，散户的赢利同样能够奔跑起来。

第一招：部分资金用于长线投资。

我认为，为安全起见，资金量相对较大的散户投资者，可把资金分成三部分，分别用于长线投资、短线投机和补仓，至于每部分所占比例多少，则根据个人喜好和资金量的大小而定。比如，我有位亲戚，三年前入市时，起始资金为50万元。经我建议，亲戚用一半资金，即25万元买了一只业绩不错的蓝筹股一直持有，另外25万元专门用来进行短线投机和补仓，截至2017年12月底，长线投资部分总资产已经增值至35万元，而短线投机部分，仅增值至32万元。这一招有一个重要的好处就是，不管主力使用哪种阴谋诡计洗盘，有长线投资部分托底，即便短线收益不算太好，只要不出现巨亏，都可以睡个安心觉。

第二招：部分资金用于追击短线牛股。

当然，可能有的人喜欢将所有鸡蛋放在一个篮子里，也更擅长短线交易，把所有钱专门用于追击短线牛股也是可以的。但从稳健的角度出发，除了部分资金用于长线投资，留出一部分资金出击短线牛股，可实现财富快速增值。具体做法是，一旦在盘中通过技术形态、量价关系、盘面语言等发现有短线牛股机会，即可及时追进。就算失败，也不至于因满仓而损失惨重，再无东山再起的机会。我再次提醒：非短线高手不要轻易满仓，尤其在震荡市或熊市。

第三招：部分资金用于补仓。

在股市实战中，一旦被套，而你看好目标股后期走势，在主力洗盘阶段借机分批补仓，也是降低成本、日后股价上涨后提高收益的常用方式之一。但补仓只是被套牢后的一种被动应变策略，本身不是一个解套的好办法。必须说明的是，我反对盲目补仓，特别是当大盘在熊市运行时，或者明知道前一次操作是个错误，反复补仓只会越套越深，真正将自己炒成股东。

与此同时，被迫采取补仓时，还得注意，下列四类股票不宜盲目涉足：大小非数量庞大且解禁日期临近的股票；含有强烈变现欲望的战略投资者配售股的股票；价格明显高估以及国家产业政策打压的品种；主力出货完毕、大势已去的股票。

四、判断洗盘结束的几个指标

洗盘不是出货，前者结束后股价还会继续上涨，后者则是新一轮下跌周期的开始，但洗盘和出货在技术特征上有不少相似之处，有时还真不好分辨。那么，如何判断洗盘结束呢？

1. 看成交量

具体表现为：洗盘期间，成交量先是逐渐萎缩，换手率也不断缩减，给人拉升无力、交投清淡，随时要跌下去再也收不上来的感觉。然后，待时机成熟时，某天成交量骤然放大，一根拔地而起的放量长阳一口吃掉前面几根小阴线。遇此情形，多半为洗盘结束。见图 2-4-5 昊华能源（601101）。

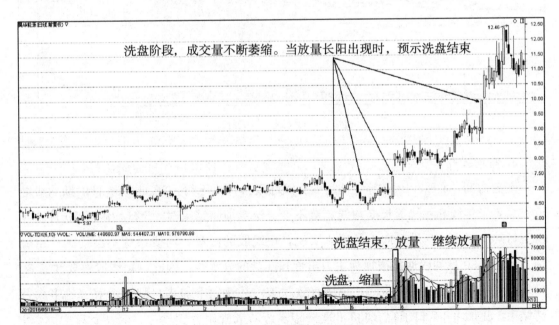

图 2-4-5 昊华能源（601101）

2. 看支撑位

如果是短线股，股价回落到重要支撑位如10日、20日均线时，立即有大买盘进场扫单护盘，显示主力不想有效跌破关键支撑，以免人气涣散，后市拉升和出货困难。如果是中线股和长线股，则主力会分别在30日、60日、120日和250日均线处护盘，就算短暂跌破也会被很快拉回。如果在重要均线关口连续几天不拉回，可先以出货对待。见图2-4-6中航光电（002179）。

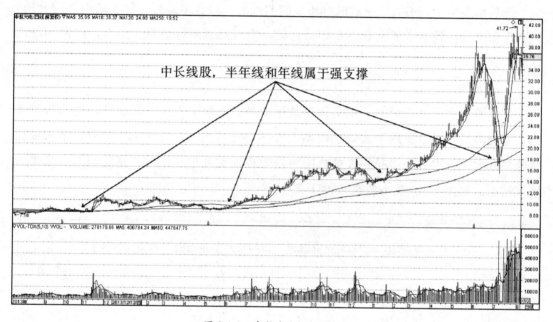

图 2-4-6　中航光电（002179）

3. 看均线

洗盘初期，5日、10日等短期均线会跟随股价掉头下行，30日、60日中期均线继续走高，半年线和年线等长期均线趋势不变。洗盘即将结束时，5日均线或10日均线由下行转向平走，再转身向上。整体来说，短线股的洗盘，均线系统不会受到严重破坏。此外，30日均线通常被视为主力出货和洗盘的分水岭，因此，短线股票要注意30日均线跌破后，能否很快收回，一旦有效跌破，甚至向下勾头，则预示着一轮多头行情结束。见图2-4-7口子窖（603589）。

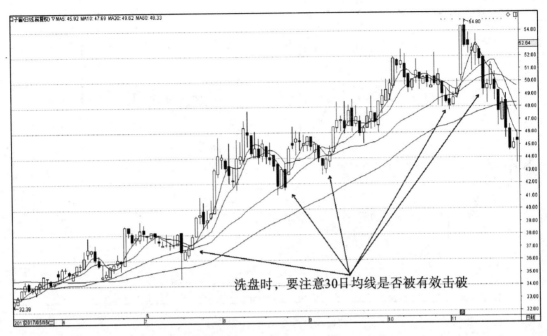

图 2-4-7 口子窖 (603589)

4. 看长下影线

通常情况下,当股价连续回落,某一天盘中大跌,但收盘是一根长下影线时,称为金针探底,显示下方买盘强劲,基本跌不下去,预示着再次启动即将开始。

但也要细分来看,不能墨守成规,得分辨是在哪个阶段。比如,在股价上涨途中的加速阶段,如果出现放量带下影线的 K 线形态,基本上可认为是主力洗盘的动作。只要股价在第二天不出现回落,那么后市将会继续向上拉升。出现这种走势之后的第二天,如果股价走弱,那么很有可能会出现回落或者是横盘整理的走势,但即使回落,幅度一般也不会很大;如果是在股价上涨中途的横盘阶段出现这种走势,则股价很有可能会继续震荡横盘,有的股票甚至会出现回落调整的走势。因此,判断后期股价如何运行,要看股价接下来几天的走势。见图 2-4-8 摩登大道 (002656)。

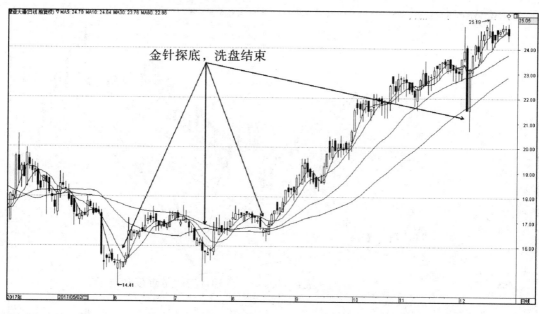

金针探底，洗盘结束

图 2-4-8 摩登大道（002656）

五、识别洗盘与出货的五个招数

实战中，洗盘和出货很多特征很接近，经验不足的普通投资者确实不好判断，稍不留意，就可能导致离场太早或亏损。要搞清楚二者的区别，其实也不难，下列五招，我已经反复使用，供读者朋友参考。见图 2-4-9 罗莱生活（002293）。

第一招：看目的。

很显然，主力洗盘的目的，是尽可能把心态不坚定的跟风盘洗掉，减轻后市拉升时的阻力，换一批新的看多者入场。而主力出货的目的，是尽量吸引更多买盘入场接货，为达目的，主力会想方设法稳定和增强持股者的信心，便于自己在高位派发获利筹码并全身而退。

第二招：看盘口表现。

从盘口看，主力洗盘时，会时不时在卖一卖二处挂上大卖单，给持股者造成卖盘多的假象，股价也会小幅下跌。有时还会故意在关键支撑位如 5 日、10 日均线处短暂跌破，但很快收回。主力出货时，前期卖一卖二反而不挂大卖单，而是把想卖出的股拆成中小单，化整为零，此时下方买一买二处的买单反而很大，尤其是整数关口，更

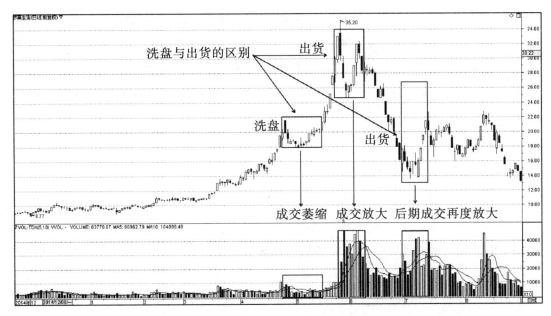

图 2-4-9 罗莱生活（002293）

是挂出巨额买单，给人买盘护盘力量强劲的感觉，等价格即将跌至大买单的位置时，主力很快撤单，并不会真正成交。中后期，主力手里的筹码派发得差不多时，便开始直接挂出大卖单。

第三招：看股价表现。

主力洗盘时，回调的幅度一般在20％—30％之间，如果跌幅过大，会吓得持股者急于抛盘，持币者也不敢入场，这对后市拉升极为不利。而主力出货时，初期通常会在高位以长阳线或长阴线、十字线等方式交替出现，股价甚至创出阶段新高，中后期则是大阴线频出，直至跌停板出现。

第四招：看重心移动。

主力洗盘时，无论是阴线、阳线还是十字线，重心不会大幅下移，基本保持平衡。而主力出货时，初期为了吸引持币者入场接盘，会尽量把技术形态做得好看些，仿佛后市还有新高，而中后期则不管不顾，一切以顺利出货为主要目的，重心自然不断下移。

第五招：看成交量。

主力洗盘时，成交量通常是萎缩的。因为对于持仓巨大的主力来说，不会用大量筹码来洗盘，只会拿部分筹码来清洗浮筹；而主力出货时，其考虑的关键是如何卖个好价钱，因此，初期尽量在高位维持长一点时间，方便多卖一些获利筹码，因此成交量会急剧增加。出货中期，高位入场的不想轻易卖股，宁可等待多头卷土重来，而技术形态走坏后，场外投资者不敢入场，主力的货接单的人变少，故成交有所萎缩。后期，等主力没有太多存货时，不想浪费时间，直接大卖单砸盘，放出巨量。

六、洗盘阶段实操术案例

既然洗盘是为了吓唬或引诱散户，那么，主力肯定在洗盘阶段刻意画图。而根据图形上的蛛丝马迹，即可分析主力的战略目标。通常情况下，洗盘阶段技术上具有如下特点：

（1）从盘面看，经常在盘中展开巨幅波动，股价经常上蹿下跳。甚至有时股价会突然跳水，然后很快止跌回升。

（2）从日K线图看，小阴线、中阴线、小阳线、中阳线及十字线会出现不规则排列，给人一直难以捉摸的感觉。

（3）成交量一般是洗盘途中先缩量，结束后放量拉升。

（4）KDJ等敏感指标会多次缠绕或死叉。

（5）温和型的主力为刻意造成股价萎靡不振的假象，通常不会有效跌破重要支撑位（如5日和10日均线），以免引起恐慌抛盘，增加洗盘成本。但凶狠型的主力，则会故意跌破中短期均线，把胆小者统统赶下车，然后再放量拉升。

药业和酒业一样，是为数不多很少受到经济周期影响的两个行业。在震荡市，我个人比较喜欢这两个行业的上市公司。从2017年一季度和半年报来看，紫鑫药业的净利润和同比增长令人惊喜，分别达到0.35亿、231.99％和1.10亿元、437.31％，加上自2015年6月创出14.08元的新高以来，该股一路调整，因此，我跟踪该股，择机做一个波段操作。见图2-4-10紫鑫药业（002118）。

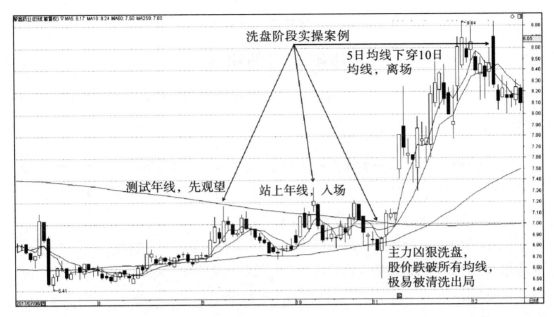

图 2-4-10 紫鑫药业（002118）

2017 年 9 月 8 日，该股盘中冲高，上摸 7.17 元，触及年线，我判断该股经过长时间整理后，启动在即。但因为并未有效站稳年线，暂时不敢买入，故打算先行观望。

经过一段时间整固之后，多头继续试探。2017 年 10 月 11 日、12 日再次测试年线。10 月 13 日，该股一举冲上年线，年线已经站稳，于当日尾盘以 7.20 元买入。

但此后几天，主力并未如期拉升，反而展开杀跌。10 月 27 日，紫鑫药业发布 2017 三季报，净利润 1.59 亿元，同比增长 111.23%，应该说业绩依旧保持高速增长势头，但当日该股低开低走，全天下跌 2.23%。

11 月 3 日，该股平开低走，并在盘中跌破所有均线支撑，包括支撑力度极强的半年线。当时，已经坚守半个月的我觉得这次操作可能是个错误，既然是错误就得及时认错出场，当日 13：40 左右，以 6.68 元挂出卖单，想先行止损离场。

但因为迟迟未成交，于是撤掉卖单，心想如果尾盘收不上去，再择机卖股。但令人没想到的是，从下午两点开始，主力开始狂拉，尾盘更是由绿翻红，全天上涨 1.63%，收出一根长下影线，凶悍的洗盘至此结束。此后，该股一路拉升。

12 月 8 日，该股跌破 5 日和 10 日均线，并且 5 日均线下穿 10 日均线，行情结束的信号出现，为了及时锁定利润，当日午后以 8.46 元的价格清仓该股，最终获利 17%。

第五节 ▶ ●●

跟随主力的诀窍

前面对散户和主力的相关行为和做法进行了细致分析后，我们会发现，散户只要策略得当，知识储备足够丰富，对主力的运作有了相当的了解，练就一身跟主力的本领，在股海遨游，吃肉喝汤还是有很大机会的。

不过，要特别提醒的是，就算了解了主力操盘的大致流程，但并不是每个环节都适合跟主力，加上大盘走势变化较快等外部因素，散户跟主力还得讲究一定的诀窍，切不可完全凭感觉乱来。下面具体讲解我的实战经验。

一、建仓吸筹观察为主

为了尽量做得神不知鬼不觉，降低成本，主力总是会提前潜伏进入目标股，而且为了拿到更多廉价筹码，除了低位吸货，还经常采取打压吸筹的方式，加上还未确立涨势，普通散户也就很难知晓主力的战略目的。因此，抛开运气和巧合，这一阶段绝大多数投资者不太可能做到和主力同步，即便部分经验丰富的投资者通过盘面的蛛丝马迹能窥探到主力意图，但因还未正式进入拉升期，也可以先行观察为主。那么，主力建仓吸筹有哪些方式呢？

1. 小牛啃草

主力如果想运作一只股票，一般会周密计划，第一步就是低调建仓，如小牛啃草，不声不响。主力选择的股票，通常是已经被热炒过且调整了较长时间的冷门股，在一个箱体内反复小幅震荡，尽量控制其不要大跌或大涨，以免引起恐慌盘涌出彻底破坏形态，也不能让跟风盘涌入抢筹，抬高成本。基于此，主力一般在这一阶段只能动用小笔资金密集吸货，故建仓时间会较长，有时长达几个月。

股市有句俗话：横有多长，竖有多高。也就是说，低位盘整时间越长，未来涨幅越大。建仓吸筹阶段，大部分投资者要么察觉不到，要么不必要过早介入，否则煎熬几个月股价几乎没太大涨幅，时间成本较高。而小牛啃草式吸筹一旦完成，后面就是暴风骤雨式拉升。见图 2-5-1 * ST 尤夫（002427）。

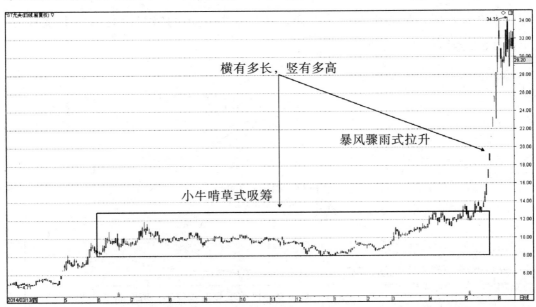

图 2-5-1　* ST 尤夫（002427）

2. 上下开弓

对于大盘何时是底，主力也很难判断清楚，因此在对目标股进行建仓时，也不可能把大部分资金用于吃货，一定也是分批建仓。由于在建仓过程中难以避免会将股价抬高，但如果筹码尚未吸够，或拉高时机没到，主力必须以少量筹码再次将股价打低，如此来回上下开弓的结果，是股价波动幅度比横盘整理时稍大，但吸筹时间比后者要短。

3. 拉高吸货

有些主力耐心不足，或自恃资金实力强大，只要目标股稍微有点利好消息，便立即大手笔吸货，并不会按照正常的操盘步骤进行，而是张开嘴巴将上方抛单全部接走，股价上涨很快。采取这种方式的一般是私募游资，喜欢做超短线，只需几天甚至几个小时就可完成建仓，需要动用的资金较大，好处是容易吸引跟风盘。

二、震仓洗盘果断入场

在震仓洗盘前，有的主力还会进行试盘，其目的主要是测试股民持筹心态和确定拉升时机是否成熟，为后面大幅拉升股价做必要准备。而震仓洗盘阶段，股价会有所

回落，此时无疑是散户介入的最佳时机。如果在震仓洗盘阶段果断买入，你只需牢牢捏住手里的筹码，放心坐等主力抬轿，然后寻找适当的时机出货锁定利润即可。见图2-5-2 四川双马（000935）。

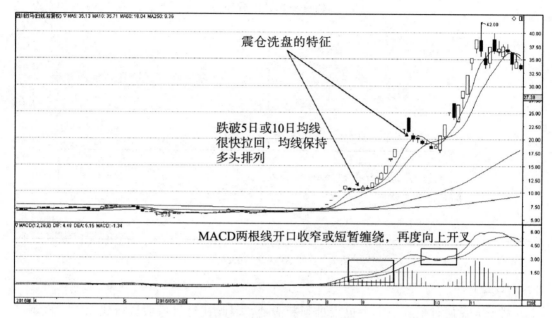

图 2-5-2　四川双马（000935）

通常而言，出现如下几种情况多半属于洗盘行为：

（1）均线。震仓洗盘时，股价大多会跌破5日均线，但通常会在10日均线之上，而且10日、30日、60日均线会保持多头排列。即便股价短期跌破5日或10日均线，也会很快被强行拉回。

（2）成交量。会呈现两头大、中间小的特点。具体表现为：洗盘初期，很多急于锁定利润的不坚定者，会急不可耐地卖出，成交量会放大。而到中期，浮筹被清洗得差不多了，惜售心理占据上风，成交量萎缩。而到洗盘后期，主力入场补仓，成交量又会变大。

（3）K线形态。先是3到5根小阳线，后面接着1到2根小阴线，并且时常伴随着带长长上下影线的十字星。

（4）技术指标。其中，相对灵敏的日线KDJ指标会收敛或略微向下拐头，但日线MACD指标继续上行，红柱有所缩短，向上趋势不改。

（5）盘口。卖一卖二的大手笔卖单抛出后很快被暗中吃掉，买一买二位置有时并无明显大买单挂着，但股价就是跌不下去。

三、高位出货提前逃跑

一旦你观察到主力有出货迹象时，哪怕少赚一点，一定要比主力提前行动。否则，一旦贪心不足，最后落个先赢后亏，来回坐过山车就划不来了。根据我个人总结的经验，一旦出现以下一种或两种情况，即刻卖股走人为妙。见图 2-5-3 北京城建（600266）。

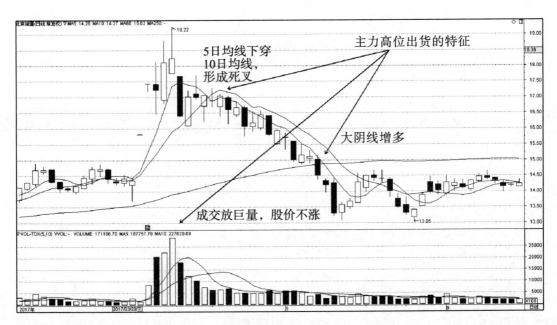

图 2-5-3　北京城建（600266）

一般情况下，出现以下几种通常属于高位出货：

（1）均线。5 日均线从上往下穿过 10 日均线，形成高位死叉；5 日均线或 10 日均线跌破后没有收回；5 日、10 日、30 日均线出现空头排列迹象；60 日均线开始走平或向下拐头。

（2）成交量。先是猛增至天量，但股价不涨甚至开始下跌，表明本轮涨势基本结束，主力出货在即。

（3）K 线形态。大阳线减少，小阳线绝迹，大阴中阴线明显增多，甚至有跌停出现。

（4）技术指标。其中，相对灵敏的日线 KDJ 指标死叉，日线 MACD 指标扭头向下或下穿 0 轴，红柱消失，绿柱出现。

（5）盘口。经常先在买一买二看到大手笔买单，但只要有人跟进，大买单迅速消失，卖一卖二迅速出现巨额卖单。

由此可见，只要投资者善于认真观察盘面，不断总结经验教训，并巧妙利用散户"船小好调头"的优势，看准有利时机，果断出击，跟着主力赚个盆满钵满是完全能做到的！

第三章

精进：不再被套

2007

2010

2013

在 A股市场上，散户是一个特殊的群体，有着数量庞大、单个资金规模小、获取信息严重不对称等客观不足，无论从哪方面看，似乎都不是主力的对手。但相信读者朋友看了前面章节的分析之后会发现，主力操盘也不时遭遇挫败，最终败走麦城！

根据我十多年的经验总结，散户投资者之所以经常被套亏钱，主要是因为存在识别主力的功力不够、跟主力时机不对、骑牛不稳被甩等几大问题，一旦这些老大难问题得到很好解决，大幅提升战绩，让赢利奔跑起来是可以预期的！有道是：

散户缘何套中沦，识别之功应提升。

跟随时机恰当处，红日不负弄潮魂。

牛背慎独且向稳，风雨闲庭当自珍。

五大误区规与避，长剑驭风跃龙门。

第一节

磨炼识别功力

散户的短板明显，而跟随主力又有一定的危险性，因此只可智取，力避死磕，方能增大胜算。

主力操盘，最根本的目的自然是为了赢利。同样，散户进入股市，也是为了赚钱。这种不可调和的矛盾，就造成了两大群体的天然对立。而作为弱势的一方，很多时候被套牢，是因为自己识别主力的功力还不够，要想避免被套的命运，首先得了解主力，识别一只个股里面有无主力，才谈得上跟随主力。

投资者无不希望自己买入的股票能连续不停地上涨。个股的涨跌固然有其自身的特殊规律，除此之外，更重要的是有无主力。众所周知，个股的上涨，靠的是资金推动，仅靠中小投资者手中有限的资金，是很难做到这点的。俗话说得好，主力选股，散户选主力。因此，要想买到能够连续上涨的股票，首先要学会看懂盘面语言，识别有无主力。

一、主力分类

股票市场上，主力的分类方法有很多，但至今并无严格的划分标准，通常来说，有如下几种常见分类。

1. **按持股时间长短划分**

（1）超短线主力：运作周期 2－10 天。特点是注重概念、题材和技术形态，股价涨速极快。

（2）短线主力：运作周期 10－30 天。特点是注重概念、题材和技术形态，股价涨速较快。

（3）中线主力：运作周期 30－60 天。特点是注重题材和公司业绩，股价涨速慢。

（4）长线主力：运作周期 60 天以上。特点是注重宏观政策和公司业绩，股价涨速极慢。

2. 按主力数划分

（1）混合主力：两个或两个以上的主力共同操盘。特点是涨跌速度不干脆，气势不足，原因是内部容易意见不合。

（2）单独主力：只有一个主力控制局面。特点是较少受外力干扰，股价涨跌容易出现我行我素的特征。

3. 按股价表现强弱划分

（1）强主力：资金实力雄厚，控盘程度较高。特点是股价常常特立独行且明显强于大盘。

（2）弱主力：资金实力较弱，控盘程度低。特点是股价走势经常跟随大盘走势，不轻易进入涨幅榜。

4. 根据入主力时间来划分

（1）新主力：目标股刚刚换了新的主力入驻。特点是反复试盘时间较长，担心老主力残余部队捣蛋。

（2）老主力：目标股已经有主力入驻且时间较长。特点是股价涨跌跟随大盘居多，不搏出位，行事风格中规中矩。

5. 根据操盘手法来划分

（1）善主力：股价走势有规律。特点是股价波动不剧烈，主力看重自己的形象，投资者容易跟着赚到钱。

（2）恶主力：与善主力相反，此类主力的特点是股价涨跌毫无章法，规律性不强，让人摸不着头脑，主力也不顾及自身形象。

6. 根据入场时机不同划分

（1）顺势主力：喜欢跟随大盘的涨跌进行顺势而为的主力。特点是行事稳健，跟随者容易赚钱。

（2）逆市主力：喜欢与大盘的涨跌反向操作的主力。特点是主力喜欢出风头，股价独立于大盘，经常进入涨幅榜。

事实上，如果按照不同的标准继续划分下去，主力的分类还有更多。但不管如何分类，大家只要牢记一点，在买卖股票前，务必要了解目标股中起主导作用的大概是哪种主力，毕竟不同主力的操盘手法是不一样的。比如，以私募游资为代表的超短线主力打法较为凶狠，喜欢反复震仓洗盘，股价走势上蹿下跳，搞得中小投资者无所适从；而长线主力运作的股票走势稳定，基本没有大的洗盘，散户投资者无须费太大精力即可稳健获利。

主力的分类和操作风格，其实学问很大，只有对主力有足够的认识和了解，并采取相应的策略，才会达到预期目标。说得直白一点，无论是哪种主力，散户都要尽量做到知己知彼，万万不可蛮干和硬干。

二、发现主力的缺点

在人们的普遍印象中，主力似乎总能在危机四伏的股海中左冲右突、游刃有余，甚至无往不利！其实，作为股市中能掌控个股走向的"大鳄"，主力也存在以下缺点：

1. 冲撞政策红线，因违法乱纪遭查处

近年来，A股市场名气较大的自然是徐翔案。2017年1月23日，青岛市中级人民法院正式对徐翔案一审宣判：被告人徐翔、王巍、竺勇犯操纵证券市场罪，分别被判处有期徒刑五年六个月、有期徒刑三年、有期徒刑二年缓刑三年，并处罚金。法庭宣判后，被告人徐翔、王巍、竺勇均表示服从法院判决。

据媒体报道，徐翔此次被处罚金具体金额为110亿元。徐翔在A股市场上，绝对是响当当的人物，其身上有很多名头，包括宁波涨停板敢死队总舵主、"私募一哥"等。青岛市检察院指控显示，2009年至2015年，徐翔成立上海泽熙投资管理有限公司等企业，发行信托产品，进行证券投资。徐翔在妻子应某配合下，以亲友、泽熙公司员工、员工亲友等人名义开设大量证券账户并控制、使用。徐翔以自有资金注入上述账户，指令应某等人操作。

此外，徐翔还与被告人竺勇等人约定，由上述人员自筹资金，以本人及其亲友名义开设证券账户，根据徐翔指令买卖股票，获利与徐翔按比例分成。通过上述方式，徐翔实际控制近百人的证券账户。2010年至2015年，徐翔、王巍等人涉嫌分别与13家上市公司高管合谋，徐翔等人在二级市场拉升股价，协助上市公司高管大股东在交易市场高位减持套现或定增后高位抛售。

2. 资金不够雄厚，被其他更具实力的主力击败

一个水域面积很大的无主水库开闸放水，入场捞鱼的人成百上千，其中有少量设备齐全的捕鱼队，也有大量端盆抄网的个人。一只股票，潜伏其中的机构也是有多有少，有的权重股持股机构高达几百家。比如，在某个阶段，一只流通盘只有几千万股的股票，一个手握几亿元的私募机构作为主力，能轻易决定该股走势，但如果有新的

机构也看好这只股票，且手握资金高达几十亿元，一旦后者入场，加上二者的操作计划和运作周期不同，可能前面的主力刚开始拉升，期待早点兑现利润，后来的更具实力的主力还没开始吸货，自然要大单将股价打落下来，如此一来，前面的主力自然会被后来的主力击败。

3. 决策失误导致巨亏

无论主力还是散户，最怕的是系统性风险。此类风险具有全局性、不可抗性，无法通过分散投资或改进技术来降低和规避。主力即便有团队支撑，也有可能对大盘的系统性风险判断出现致命失误，进而导致巨额亏损。

4. 操盘成本过高，入不敷出

对散户来说，可以打一枪换一个地方，但主力不行。其打算运作哪些股票，都是经过长时间的考察和准备的，一旦确定，不能随便换股，除非出现重大变化。而运作一只股票最终能否赚钱，也要看除开各种成本之后，还有多少净利润。这些成本，可统称为操盘成本，主要包括吃货成本、利息成本、拉升成本、出货成本、公关成本、交易成本等。一旦操盘成本过高，导致入不敷出，主力将不堪重负，只能和散户一样，遭遇失败的命运。

三、识别有无新主力

可能很多人会说，任何一只股票，都有主力。此话没错，哪怕是毫不起眼的股票，就算没有大基金入驻，但游资、私募和超级大户也会经常暗中潜入这些冷门股，然后耐着性子默默拉升，等哪一天你发现突然跑出一只黑马股再想追进去时，价位已经很高了。

因此，在日常交易中，如何判断一只股票里有无新主力，极为关键。如下7个盘面特征尤其值得注意。

（1）一段时间震荡横盘后，在公司无利好消息或大盘未大幅走高的情况下，股价连续几天拉出小阳线或中阳线。

（2）换手率从1%以内增加到2%以上，甚至提升至5%，股性明显趋于活跃。

（3）成交量从地量水平逐渐温和放大，但股价不出现大幅上涨。

（4）盘口开始密集出现有别于日常冷清时期的大买单，上方有大卖单也能被悄悄吃掉。

（5）大盘下跌，目标股能横盘不跌或微涨。大盘上涨，目标股能放量拉出中阳或大阳线，走势明显强于大盘，股价体现出一定独立性。

（6）目标股就算有回调，股价跌幅也明显小于沪深指数或同板块其他个股，且底部逐渐抬高。

（7）KDJ、MACD等技术指标由粘连缠绕等方向不明的状态，悄然在低位形成向上攻击形态。

根据以上七大特征，如果一只个股有其中三条及以上的特征，基本可以判断有新主力入场，并且启动在即，可密切跟踪关注。见图 3-1-1 三钢闽光（002110）。

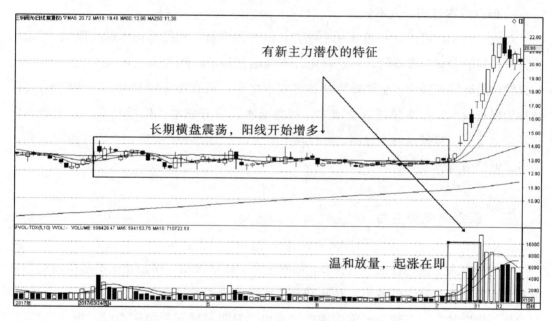

图 3-1-1　三钢闽光（002110）

跟随主力的时机选择

很多时候，投资者通过一系列盘面语言和综合研究，已经判定一只股票有了新的主力潜伏其中，但依然没有赚钱，甚至反被套牢，这又是为什么呢？其实很简单，自己跟主力的时机不对。换句话说，主力开始正式拉升，你却无动于衷或犹豫不决；主力已经赚得盆满钵满，正在大肆出货，你再杀进场内，你不高位站岗谁站岗？

那么，散户在跟主力时，在时机选择上，哪些错误不能轻易犯呢？

一、不与大盘走势作对

趋势的力量具有毁灭性、不可阻挡性，无论是上升还是下降，大盘趋势一旦形成便会产生惯性，至少得持续相当长一段时间才会扭转方向。

在 A 股市场上，除非是实力超强的主力，大多数主力操作目标个股时，都会根据一段时间或当天的大盘行情灵活调整策略。毕竟，逆势操作很难达到预期目的，成本也更高。

比如，主力某天打算将目标个股拉升 5 个点，如果当日大盘大跌，主力要强行拉升目标股，在市场热情未被点燃的情况下，敢于跟风买进的投资者不会太多，则主力就必须投入更多资金才能达到目标。同理，散户投资者在大盘行情不配合时，操作上宜谨慎，也就是说，不宜与大盘走势作对。当然，如果实在看好某只个股，想在大盘暴跌，个股跟随下跌时在低位入场，另当别论。

二、不在涨势未确立时匆忙入场

前面谈到，主力完整运作一只股票要分几个阶段，而股票在即将启动阶段，会在盘面上透过种种迹象表现出来。心急的投资者总担心失去骑牛的机会，一旦发现盘面异动，立即按捺不住杀进场内，结果进去后，发现股票并未如期上涨，反而持续下跌，此时，要么选择止损离场，要么只能眼睁睁看着账户缩水。见图 3-2-1 顺发恒业（000631）。

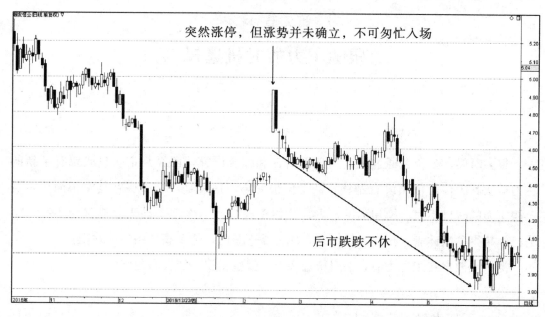

图 3-2-1　顺发恒业（000631）

　　其实，就算是整个周期只有几天、暴涨暴跌来去很快的超级短主力股，只要稍加留意，涨势是否确立，是否值得冒险参与，还是有迹可循的。

　　因此，我建议，不宜在涨势未确定时匆忙入场，最好是等涨势基本确立再买入。因为根据我十多年的经验，大多数主力股的启动，是很少一口气连拉涨停，完全不给你上车机会的。通常情况下，个股起涨都有前兆和几天的试盘期，这就给了你更多的时间进行理性分析。

　　三、不在高位放量滞涨时入场

　　建仓期，因为主力行动隐蔽，一般投资者很难发现，未能及时入场是很正常的。而在涨势确立，起涨初期入场自然是最佳机会，但基于各种因素，未能骑上牛背也是经常的事情。遇到这种情况，要么在主力洗盘回调阶段再上车，要么宁可放弃，转而选择其他目标。

　　尤其是一些个股经过一轮爆炒，越来越多的获利盘急于了结离场，买盘明显减少，高位放量滞涨，各种技术指标也显示主力开始出货时，股价下跌即将开始，此时切不可盲目杀入，否则容易遭遇亏损。见图 3-2-2 维力医疗（603309）。

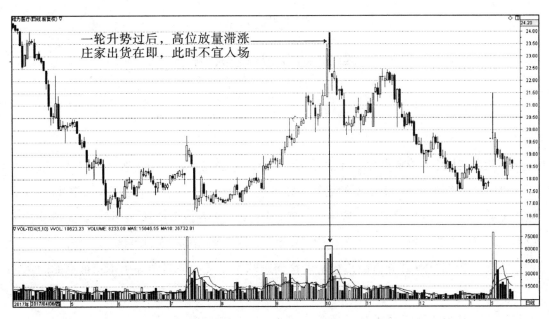

一轮升势过后，高位放量滞涨
庄家出货在即，此时不宜入场

图 3-2-2 维力医疗（603309）

四、少参与游资和恶主力炒作的股票

大部分主力运作一只股票，都会严格按照前面介绍的几大步骤来进行，但游资这类超短线主力打法较为特别，运作时间也较短，当天建仓，第二第三天完成出货，3—5 天运作即可完成一波短炒，此类主力最喜欢的手法就是拉升时如暴风骤雨一般，极为疯狂。风险承受能力强的投资者，自然喜欢这种主力，但建议大多数散户投资者少参与此类由游资主导的个股，因为稍不留神，就是刀口舐血。

此外，前面提到，主力分很多种，而不同主力的操作手法差别很大。其中恶主力股的最大特点是股价走势怪异，没什么规律可言，一般技术指标根本没法正确判断后期走势，拉升、洗盘和出货都比较凶狠，给人一种凶神恶煞的观感。此类主力不考虑自身形象和散户投资者的感受，经常操作股价与大盘反向运动，因此按常理操作的投资者要么踏空，要么被套，感觉始终不得要领，怎么做都是错，故远离为妙。

第三节

避免骑牛不稳被甩

在股市交易中，有句俗话：千金难买牛回头。意思是说，一只个股一旦启动，很有可能气势如虹，连拉涨停，根本不给后知后觉者进场的机会。还有一种情况，不论是误打误撞，还是经过充分分析后买入，确实已经骑上牛背，但若在试盘拉升、回调洗盘阶段就被吓得半死，慌忙卖股离场，硬是被奔跑的"狂牛"甩落下来，实在太过可惜。

下面，我们重点来分析散户投资者缘何难骑牛以及如何避免骑牛不稳被甩的问题。

一、骑牛被甩有原因

1. 面对利空惊慌失措

前面谈到，对于稳健型投资者来说，一只股票启动初期买入是最安全的。但对于另外一部分风险承受能力较强的投资者来说，敢于在股票遭遇利空出现下跌时出手，主动买套也是一种策略。不过，主动买套也不是乱买，还需尽量选择那些质量优良、有炒作题材、有强主力活动的个股，而那种重大违法违规被曝光甚至遭遇监管部门处罚的个股还是不碰为好。

一只股下跌，有多种原因。比如大盘下跌，大部分个股里的主力也不敢逆势拉升，只能勉强托着手里的股不暴跌；有的股则是突然遭遇利空消息，而对于这些消息，就得认真判断对公司的影响有多大，是真利空还是假利空，再做出交易决策。

遇到突发利空，切不可惊慌失措，进而导致错误操作，而应在第一时间迅速分析两个问题：

（1）真利空还是假利空？立即分析研究利空消息对公司的生产、经营、盈利能力等带来何种影响。如果利空消息确实会对公司的生产经营造成较大的不利影响，进而影响到公司的盈利能力，可视为真利空；如果对公司的生产、经营、盈利能力等影响并不大，甚至可能是媒体误读，利空释放后将很快恢复正常，则是假利空。

（2）大利空还是小利空？突发利空后，还要就消息对公司的盈利能力影响到什么程度做出分析。有些利空消息初看是大事，但对公司盈利能力影响并不大，只能算是个小利空；相反，有些消息看起来似乎不算什么大事，却能对公司的盈利能力带来长远的负面影响，这种则属于大利空。

前面说到，被监管严厉处罚的上市公司，其股票坚决不买。但如果大盘处于走牛态势，一家公司发布公告称，由于突发洪水，公司饲养的鸭子被水冲散到下游，经初步调查估算，直接经济损失达千万元，特此公告，提示投资者注意投资风险。公告一出，股价大多会立即下跌，不少人肯定是割肉逃命。主力暗中把散户抛出的筹码吃进。随后，公司再发公告称，洪水已经消退，公司之前冲走的鸭子陆续游回，并且母鸭子们还带回了公鸭子，公司的业绩将有很大提高，特此公告。受此刺激，公司股价重新上扬。那么，利空回调恰恰是较好的入场机会。

2. 稍有赢利就抛股离场

我写作本书的目的，就是希望让更多的散户投资者知己知彼，让赢利奔跑起来。但令人觉得可惜的是，此前，不少散户就算如愿骑上牛股，但主力稍微打压洗盘，对主力操盘手法不太了解的投资者赶紧卖股逃跑。虽说落袋为安是股市交易的重要法则之一，但凡事得讲灵活性，要根据情况随机应变，思维不可太过僵化。我也曾犯过类似错误，下面举例说明。见图 3-3-1 四维图新（002405）。

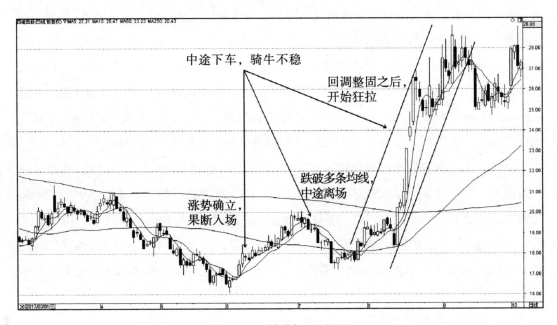

图 3-3-1 四维图新（002405）

近年来，随着人工智能的飞速发展，自动驾驶也成为一个持续延烧的热门话题被广泛关注。而在 A 股市场上，四维图新作为唯一的"高精度地图＋车规级智能芯片"上市公司，被相关各方看好。

从业绩上看，四维图新在巩固原有电子地图业务的同时，近几年还在车联网、自动驾驶等未来领域进行产业垂直整合，积极探寻利润增长点。

对于各方一直关注的自动驾驶，2017 年 11 月 16 日，四维图新高级副总裁戴东海曾表示，目前该业务处于产业布局和研发投入阶段，四维图新将从两个方面推动自动驾驶业务的发展。一方面，公司通过战略协同、联合开发等方式，推进 ADAS 芯片等自动驾驶相关产品商用进度，提升在半自动驾驶及自动驾驶解决方案领域的综合实力及竞争优势。另一方面，公司将加大对 ADAS 地图、HAD 高精度地图智能采集，不断加强图像识别、点云识别、传感器识别、多源融合、高精度定位等底层核心技术的研发及验证力度。

很显然，四维图新要概念有概念，要业绩有业绩。但就是这样一只不错的股票，我赚到的利润还不到 10％便中途下车，只能眼望着大牛股绝尘而去。

从 2017 年年初开始，已经有联讯证券、渤海证券、招商证券等多家券商发布研报，纷纷给予四维图新"增持"或"强烈推荐"评级。4 月 26 日，该公司发布一季报显示，受益于杰发科技并表与股权激励摊销成本降低，报告期内，实现营业收入 3.67 亿元，同比增长 13.37％，实现归母净利润 5012.57 万元，同比增长 51.39％，业绩相当不错。

亮眼的一季报公布后，四维图新的股价并未有太大反应，仅在 27 日和 28 日小涨拉升。但从技术指标看，5 月 2 日的冲高仍未突破多条均线压制，随后一路下跌。6 月 9 日，连续两天上涨 3％以上之后，MACD 指标发散上攻，红柱变长，5 日和 10 日均线向上拐头，发出买入信号，我在 17.72 元附近入场。

随后，四维图新股价缓慢走高。6 月 29 日，股价最高至 20.11 元，但始终距年线一段距离。此后几天，该股逐步回落，7 月 11 日，该股低开低走，全天大跌 3.85％，眼看当天连续跌破 5 日、10 日、20 日均线，我在尾盘以 18.8 元抛股离场，持股 1 个月，仅小赚 6％，而如果从我入场时的 17.72 元算起，至 2017 年 9 月 6 日的最高 29.13 元，涨幅高达 64％，就算很难卖在最高点，但赚个 50％还是不难的，如今想来实在令人扼腕。

3. 毫无耐心，频繁换股

众所周知，做长线和价值投资，要耐得住寂寞，与时间做朋友，善于捂股。其实，中短线投资也需要有点耐心。

前面谈到，按持股时间长短划分，可分为超短线主力、短线主力、中线主力、长线主力，由此可见，就算是超短线和短线主力，也有几天和半个月左右的运作时间。有的投资者性子太急，总希望买进后立马拉几个涨停卖股走人，现实交易中，这种概率微乎其微。大多数时候，主力运作一只股票，都会周密计划，大致走完建仓、试盘、小幅拉升、震仓洗盘、猛拉、出货等几个主要步骤，如果你在试盘阶段入场，马上面临回调洗盘，眼看所持股票出现亏损，加上看到身边的人手里的股一个劲上涨，自己必定郁闷无比，说不定就割肉走人。然后不管三七二十一，立即买入其他股票。频繁换股的结果，是不断给券商交手续费，自己很难赚到钱。

我刚进入股市的一两年时间，也是频繁换股的典型代表。本人是急性子，买入后只要两三天没动静，就忍不住小赚就抛或割肉离场，最恐怖的一段时间，一个月换过10只股票，给券商贡献了不少手续费。现在想来，这种行为极为可笑。

有人说，炒股要学会心静和忍耐，买进后要忍，行情不明朗要忍，股市下跌要忍，股价上涨心急想卖高价位要忍。总之，忍到确信可买再买，忍到必须要卖再卖。多点耐心，才不会轻易把"牛股"放走。

二、骑牛不被甩需具备的功力

要想"骑上牛股"后不被甩落"牛背"，还是有办法可以应对的，根据个人长期积累下来的经验，如下几步不可忽视：

第一步：识别买入。

A股市场如今有3000多只股票，在大部分时期，除开因各种原因停牌的，参与正常交易的个股不可能全部上涨或下跌，在如此多的个股中，投资者必须首先经过各种技术指标、消息面及基本面综合分析，筛选出并适当时机成功买入潜在牛股，是最关键的一步。没有正确的买入，赢利就是一句空话。

第二步：合理预期。

一只主力股能涨多高，影响的因素有很多，包括外围市场、大盘走势、政策面及消息面影响、主力的目标价位，以及涉及公司方方面面的讯息，这些纷繁复杂的因素里面，很多又是不可预测和把控的。因此，投资者对于股价的涨幅应有合理预期，不必盲目设定一定要涨到多少价位或赚了多少才卖股离场，正确的做法肯定是根据股价位置、技术指标等因素变化灵活决定。

我刚进入股市时，什么都不懂，买入一只股上涨后，一定要至少翻一倍才舍得卖，结果经常是还没到预定目标，股价就调头下跌，多次来回坐过山车。说到底，就是灵活度不够。

第三步：耐心持股。

成功购买目标股后，因为拉升时机未到或大盘不稳，股价不一定立即暴涨，很可能会徘徊一段时间，此时多少需要一点耐心。至于这个耐心需要多久，要看你是长线投资还是短线投机了。骑上牛股后，享受主力大幅拉升的过程自然是最幸福的。此时，在技术形态和趋势不被破坏的前提下，只需耐心持股待涨即可。

第四步：学会卖股。

股市有句俗话：会买的是徒弟，会卖的是师傅。换句话说，哪怕前面几步都做对了，如果不会卖个好价钱，一切都是白搭。因此，学会卖股，才是"骑牛"成功的核心一步。所谓会卖，不是让你把整个鱼头、鱼身、鱼尾全部吃完，而是见机行事，只吃能吃的那部分。具体做法是，当大盘环境转坏、个股多个技术指标走坏、遭遇重大利空等情况出现时，即可卖股离场，兑现利润。

第五步：复盘总结。

很多人认为，炒股不过是买对卖对。话虽如此，但问题是，这个对不是凭空得来的。养成复盘总结的良好习惯，是那些股市常胜将军的秘诀之一。所谓复盘，就是在股市收盘后，抽时间静态地分析总结一遍市场全貌和自己的决策有无失误的地方，经过长期复盘，能够训练出良好的盘感，这也就是为什么盘感好的投资者只要看一下大盘和个股，就能对是否适合出手，在哪个低位出手有了大致判断的原因。

那么，复盘总结该从哪些方面入手呢？

（1）分析当天的大盘和操作的个股走势是否与盘前预期一致。如果不一致，甚至完全相反，及时找到具体原因，总结教训，并想好后续应对办法，因为这直接涉及你的钱袋子。

（2）观察股票池个股表现与盘前预期是否一致。如果不一致，分析总结原因，因为股票池的个股尚未买入，只是备选股，紧迫性虽不强，但也应重视这种训练机会。

（3）阅读券商或投资咨询机构的行业研报、收盘分析和后市预测文章，学会别人的分析方法和看问题的角度，逐步将自己由普通投资者变成专业人士。特别提醒一下，股市投资绝对不是靠运气，而是一件专业的事情。

跟随主力的五大误区

一只股票，如果有实力强大的主力，而且经过前面的学习，你已经对主力操盘手法有了更多了解，并已经成功跟到主力的话，不说一定赚钱，最起码不会轻易犯错了。

但在跟主力过程中，自然会涉及如何研究目标公司、如何应对洗盘等一系列问题，散户投资者经常存在一些如下所列误区，务必尽量规避。

一、对目标公司毫无研究

很多人在股市屡战屡败，从来不从自己身上找原因，要么怪大盘行情太差，要么怪主力太狡猾。要知道，参与股市交易并赚到钱，是要花很多精力去学习锻炼的，一两次碰到牛股是运气问题，但要长期做到输少赢多，就要靠个人的修为和功力了。

诚然，作为散户投资者，可能很少有机会像机构那样去调研公司，与公司高层座谈，让专业团队去研究公司核心竞争力和财务稳健情况，但最起码你得对目标公司是做什么的、产品在行业里处于何种地位、最近一两年的业绩、最近有无违规、公司未来发展方向等方面有所了解，如果对目标公司没有任何研究，估计买入后心里也不会踏实。如同在战场上放箭，有的放矢和无的放矢带来的效果有着天壤之别。

二、不及时止损

再厉害的高手，包括股神巴菲特，都有做错的时候。就算跟对主力，如入场时机不对，也容易遭遇失败，对自制力稍差的散户来说，我建议根据自己的风险承受能力和投资风格设定一个止损线。

比如，风险承受能力强的中短线投资者，止损线可设为10%；风险承受能力稍弱的投资者，止损线可设为8%左右，一旦触及止损线，先及时抛出止损。就算某只股票

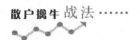
在跌破止损点后，很快又涨了回来，但仍要严格执行止损规则，一旦认为这次跌破止损线无所谓，下次跌了 20％、30％ 你都不会止损，长此以往，炒股肯定会炒成股东，最后变成即便遇到账户资产大缩水也无感了。

当然，对长线投资者而言，止损线的容忍度会大得多，或者不设亦可。比如，你买入一只股票后打算持有 5 年以上，就算遇到熊市，你手里的股跌去 20％，5 年通常是能轻易涨回来的。

此外，在设置止损位时，又有多种方法，比如百分比法、均线法、关键点位法等，投资者可根据自己的投资风格与操作手法，灵活设置。

三、分散投资

不要把鸡蛋放在一个篮子，这句话可谓深入人心。于是，有的散户投资者看到这只股拉升了，赶紧买两手，那只股启动了，又跑去买五手，本来不多的资金，有时同时买进几只甚至十几只股票，给人一种撒胡椒面的感觉。殊不知，所谓分散投资是个相对概念，对一些资金动辄几十亿上百亿元的机构而言，自然要分散到几十只股票里，否则专买一只，遇到盘子小的个股，岂不是分分钟拉涨停。对散户来说，分散投资就不一定适用了。

资金小却喜欢满世界找主力股的投资者可能认为，只要有主力，东方不亮西方亮。其实，这是一种错觉。试想，如果大盘大跌，你手里的几只股票即便有主力也不敢逆势拉升，基本都在跟随大盘下跌，与持有两三只有何区别呢？

因此，我觉得，就算你对主力股情有独钟，也可根据自己的风险喜好和操作风格，来大概确定持股只数。手中不宜有太多的股票，一般以 2—3 只为佳。比如，对短线投资者来说，资金在 10 万元以内的，以持股 1—2 只为宜；10 万—20 万元，以 2—3 只为宜；30 万元以上的，不超过 4 只为好。

不妨想想看，你对付一个主力都够吃力了，面对多只股票里的主力，你的胜算有多大？

四、盲目抄底

股市有句话叫"新手死于追高，老手死于抄底，高手死于杠杆"，在相对低位买入，确实是减少亏损，让赢利奔跑的方式之一，但绝对不能凭感觉胡乱抄底。

有的散户投资者，耐着性子熬过了横盘期，总感觉底部磨得够久了，于是见到目标股股价一有异动就杀进去，心想抄主力的老底，结果被主力虚晃一招，抄在半山腰。一只股票跌了50%，总该到底了吧，结果买入后继续下滑，山腰下面还有山腰，依旧套你没商量。见图 3-4-1 迪马股份（600565）。

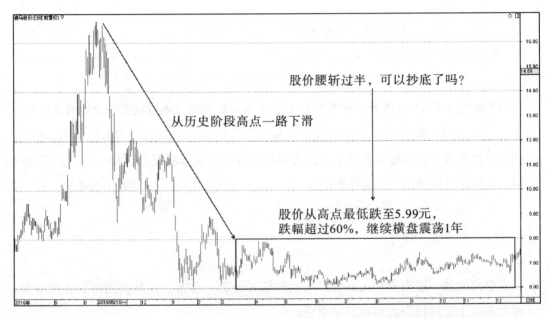

图 3-4-1　迪马股份（600565）

自 2015 年 6 月 12 日创出 16.88 元的历史新高后，迪马股份一路下跌，中途几乎没有什么像样的反弹。2016 年 6 月 14 日，也就是一年后，该股最低跌至 5.99 元，较历史高点跌幅已达 64%。此后，该股一直在 6 元到 7.6 元之间进行箱体震荡。

2017 年 4 月初，迪马股份连续几天展开反弹，走出连阳态势，4 月 14 日，该股还一举站稳多条均线，似乎发出抄底信号，但如果你在当天抄底买入会是什么结果呢？见图 3-4-2。

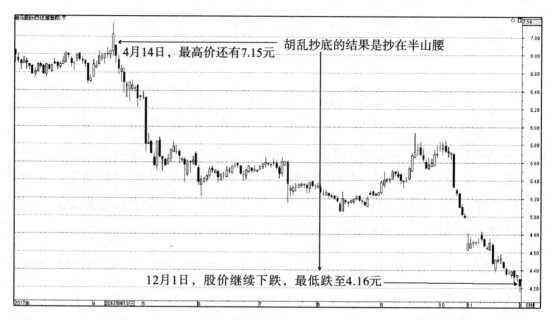

4月14日，最高价还有7.15元

胡乱抄底的结果是抄在半山腰

12月1日，股价继续下跌，最低跌至4.16元

图 3-4-2   迪马股份（600565）

如果你在 4 月 14 日当天不幸以 7.15 元抄底买入，同时又不肯认错中途卖出，持有至 12 月 1 日尾盘以最低 4.16 元割肉，这笔交易的损失是 41%。这也是我前面特别强调的，就算你跟对主力了，但如果不适应主力的凶狠洗盘，必须得根据自己设定的止损线及时止损，否则，一旦做错，亏损可能高达 40% 以上，想东山再起，可谓难上加难！

五、习惯满仓操作

大家都知道，股市赢利无非分红送股和低买高卖。前者一般是长期投资者的最爱，后者大多是中短线投资者喜欢做的事情。

有的散户投资者，不喜欢长线投资，就爱短线投机，似乎一天不炒股心里就不舒服。本来，不管是长线还是短线，个人的性格和操作方式不同，选择的股票交易方式迥异，没什么好与坏之分，只有是否适合自己一说。但问题就出在有的散户朋友时刻满仓，这个风险就大了。

如果大盘处于明显的牛市格局，买什么都涨，满仓操作倒也没什么，但如果大盘处于震荡市，甚至是熊市，你依然满仓操作，就算跟对主力股，大赚一笔，也有可能你赚一次的利润还不够用来填补操作其他股票时的亏损。因此，散户投资者务必戒掉不满仓不死心的心魔，根据大盘行情随时调整仓位。

选股技巧与仓位管理

对于中小投资者来说，掌握选股技巧，进行仓位管理十分重要。

一、结合量、价、势、时选股

投资股市是一个系统工程，涉及方方面面，但说一千道一万，只有那些擅长将量、价、势、时充分结合起来选择股票的高手，才是最终大赢家。

1. 看量能变化

众所周知，量比价先行，对于成交量的研判至关重要，但对成交量的理解不能仅仅停留在放量、缩量、天量、地量等初步认识上，而要根据大盘和个股处于什么阶段，对量能变化进行全面分析。有经验的投资者必须对量能变化背后的意义有深刻了解，并不断运用于实战交易中，同时随时进行总结，以指导后续操作。

2. 看价格变化

股票价格变化从表面看，来自股票供求关系发生变化，但影响股价变化的实质因素却涉及政治、经济、政策、公司、市场等多方面。通常，当股价处于相对低位或大底部区域的个股，横盘整理的时间越长，其后市上涨幅度越大；而经过一轮炒作已经涨到一定高度的个股，股价有回调需要。不过，所谓的低位和高位并无标准，要根据纵向对比和横向对比来判断。

3. 看趋势变化

生活中，每个人的性格各有不同，每只股票也有自己独特的"股性"。很多短线高手，喜欢反复运作自己比较熟悉的几只股票。因为一旦对某只股票产生良好的"盘感"之后，对它的长期、中期和短期趋势变化，均会有大致把握，并能做出适当反应。对于不熟悉的个股，在出手前，应把历史走势翻开研究一下，大致了解其"股性"，以提高胜率。

4. 看时机变化

一只股票最终能赚钱，说得直白一点，无非就两点，尽可能买在较低位置，卖在较高位置。抛开运气成分，尽管几乎没人能精准买在最低位和卖在最高位，但通过利用各种技术指标、研判消息重要性、理解业绩好坏等方式，寻找相对较好的买入点和卖出点，始终是每个投资者追求的目标。

二、根据环境变化管理仓位

前面提到，一只股票从买入、持有到卖出，需要了解和分析的信息很多，大部分散户投资者对如何跟主力、如何应对主力洗盘、何时入场和出场等问题比较重视，但对如何科学管理仓位，却重视不够。

根据环境变化管理仓位，是指投资者在进行股票交易时，必须要随时根据大盘走势、行业政策和公司发展情况进行综合判断，当前是否适合操作，市场是处于牛市还是熊市，是适合全仓还是半仓、空仓，唯有懂得随机应变，才能最终达到提高赢利概率或减少损失的目的。下面，我们对仓位管理的相关知识进行详细阐述。

1. 仓位管理有何好处

（1）可增强投资者风险意识，提高风险控制技巧和能力。

（2）可最大限度减少不必要的损失，为扩大利润提供可能。

（3）可帮助投资者坚定信心，做出正确交易抉择，真正让赢利奔跑起来。

2. 仓位管理的三大方法

对资金本来就不大的散户投资者来说，如果一次性全仓买入，账面的盈亏会很快，心情也容易受到较大影响，根据我个人经验，如下几点做法较为有效。

（1）根据大盘及个股趋势调整仓位。

所谓大盘趋势，主要是看处于上升通道、箱体震荡还是下降通道，然后根据不同情况及时调整仓位。通常，经过一轮大跌之后，大盘从谷底反弹，并且相继突破重要压力位，回升趋势确立，成交量稳步放大，10日、30日、60日均线开始向上拐头，预示着大盘熊市即将结束，中短期涨势逐步形成，此时，仓位可由空仓逐步增加到三成、五成直至八成。相反，经过一轮暴涨之后，大盘从峰顶回落，并且相继跌破重要支撑位，下滑趋势确立，10日、30日、60日均线开始向下拐头，表明牛市趋于结束，后市大盘中短期跌势形成，此时，仓位必须尽快从八成降低到五成以下，直至空仓观望。

个股的仓位管理，与大盘所处趋势类似，也是根据到底是处于上升、横盘或下跌阶段进行灵活调整。

（2）根据投资风格调整仓位。

鉴于每位投资者的性格、风险承受能力和风险偏好不同，投资风格可分为激进型、稳健型和保守型。其中，激进型投资者喜欢满仓操作，其盈亏都是最大的；稳健型投资者大多喜欢半仓操作，这样做的好处是赢利不会太高，出现系统性风险时，也不会遭遇全军覆没；保守型投资者则喜欢一直轻仓参与，盈亏都不大。

（3）根据资金实力调整仓位。

A股市场上，个人投资者数量过亿，但个人资金实力的差别却很大。少数实力雄厚的牛散，可用于投资的资金高达亿元，而部分小散户，入市资金仅几千元的也有不少。对于上亿元资金而言，肯定不能全仓杀入、不留后路，一旦大盘和所持个股暴跌，风险太大，可能十次小幅赢利都不够一次巨额亏损；对于几千元的投资者来说，就算全仓杀入，盈亏不过几百元而已，对自己生活影响不大，自然心态也会保持得很好。因此，应根据资金实力灵活调整仓位。

3. 经常满仓是兵家大忌

我身边有不少朋友经常吐槽说，自己很看好某只股，后市涨幅肯定要翻几倍，等满仓入场时，没想到大盘变盘或主力诱多出货，股价开始快速回落，结果不幸被深套其中，亏得一塌糊涂。不幸的是，自选股的品种，一路上行，却没有资金去追击！不用问，相信不少读者朋友也会经常遇到这种情况。事实上，经常满仓是兵家大忌，原因如下：

（1）容易遭遇重大亏损。

大盘指数的运行状态，无非上涨、下跌、横盘三种。从概率来说，每一种的概率大致相当，这只是理论上的说法，真正具体到实际操作的股票，最后的结果可能就千差万别了。如果在大盘处于上涨状态时，满仓操作自然赢利最大。问题在于，有的投资者在牛市赚了钱，一旦进入震荡市和熊市，依然习惯满仓操作，长此以往，风险太大。更恐怖的是，近年来，开始流行配资炒股，有的散户投资者觉得自己的资金太少，还去民间配资公司借钱炒股，杠杆倍数随便5—10倍，满仓操作的致命后果可能是分分钟亏掉本金。

（2）容易打击信心。

有的人喜欢豪气干云地说，我从不空仓，一直满仓！试想，投资3000元和300万元的投资者，前者自然可以这样说，后者真敢这样做吗？其实，投资股市除了技术储备，主力与散户心理的对攻也是至关重要的。满仓操作时，抓到大牛股，自然心情舒畅。反之，一旦遭遇重大亏损，好不容易建立起来的信心肯定被沉重打击。最致命的是，信心被摧毁后，可能还会弄得郁郁寡欢就得不偿失了。

（3）缚住手脚无法纠错。

一个士兵在作战时，无不希望避开敌人的锋芒，而痛击对方的软肋。但前提是，你的手脚是彻底解放的，如果被绳子严实绑住，即便有再高的搏斗技巧也枉然。股市交易也一样，仓位可能是绑住你手脚的绳子。试想，当你判断错误，满仓操作的个股被套牢，即便新的赚钱机会出现了，你想割肉纠错连机会都没有。

4. 空仓的艺术

在前面章节中，我谈到要敢于空仓观望，与自己的内心搏斗，是一个必须经历的磨炼。如果要更深入探讨，学会空仓可以说是交易的艺术。一年四季轮回，也不是天天适合劳作，空仓休息，也是为机会来临时的果断出击做准备。在实战中，在如下几种情况出现时，最好选择空仓，以规避亏损风险。从某种意义上说，最大限度减少亏损也是赚钱。

（1）发生系统性风险时。

所谓系统性风险，是指金融机构和个人在从事金融活动时，因外部和内部因素变化，造成市场价格剧烈波动或瘫痪，单个金融机构和个人无法通过分散投资等方法进行规避，进而遭受经济损失的风险。这种风险包括政策风险、经济周期性波动风险、利率风险、购买力风险、汇率风险等。

股市的涨跌与宏观经济好坏密切相关。当宏观经济持续走软时，必定会打击投资者的持股信心和股票市场人气，敢于交易的人骤减，整个股市大跌，引发系统性风险。当系统性风险出现时，除了极少数有故事可讲、主力实力超强的个股，绝大多数个股都难逃跟随大盘下跌的命运。此时，大机构因为各种规定，很难做到空仓，最多只能降低仓位，但散户投资者则务必要空仓等待，决不能心存幻想乱抢反弹。

（2）突发重大利空消息时。

至今A股市场仍未能摘掉"政策市"的帽子，政策面和消息面对市场的影响是显而易见的。一旦宏观层面上，有加息、上调存款准备金率、提高印花税、新股加速扩容等重大政策无预兆出台时，大盘扭头向下或加速下跌的概率很大。此时，空仓就是最好的投资，最起码，可以有效保护自己，不会损失本金。唯有耐着性子，静待市场出现积极变化，再择机入场。

此处特别强调无预兆，是因为很多重大利空政策在出台前，监管部门会通过会议、官方媒体或权威人士提前放话，因此，即便利空政策出来，负面影响已经被提前消化了部分，影响会有所降低。

（3）看不准或心神不定时。

相信每个投资者都有过这种经历：一段时间内买什么都跌，无论判断大盘还是个股，总觉得看不准，信心缺失。此时，你要做的就是空仓。之所以出现这种情况，说明你的心智已乱，或对行情判断失去了理性，如果仓促勉强做出买卖决策，亏损的风险极大。

刚进入股市时，我特别喜欢满仓，总觉得自己比别人聪明，哪怕刚从一只股止损离场，又马上杀进另外一只股，就算对目标股研究不深，也要把"子弹"打光才觉得心情舒畅，风险意识极度缺乏。曾经有段时间，以美股为代表的外围市场连续暴跌，而 A 股的跌幅并不大，但也是在持续小幅下跌，我虽然心里打鼓，对大盘未来走势的判断其实很是担心，但内心又觉得 A 股能走出独立行情，因此依然反复进行短线操作。结果，一个月不到，沪市大盘跌去 5％左右，我的亏损幅度竟然超过 20％，教训可谓深刻。

第四章

出击：擒牛实操（之一）

前面三章，我们重点分析了散户和主力各自的长处和短处，以及散户老是被套的原因和解决办法。本章则重点剖析散户如何甄别龙头股，如何捕捉龙头股。

在 A 股市场上，虽然各种实战方法很多，但作为资金规模较小的散户投资者，首先认清自己，其次学会识别跟对主力，最后获利顺利下车，这几步都走对，才是让赢利奔跑起来的关键。而将板块轮动的基本规律和龙头股的相关特征研究透彻，显得尤为重要。有道是：

煮酒且论股海龙，五大条件甄别中。

假作真时真亦假，慧眼当如射雕弓。

黄金榜上龙头望，循法捕得四海同。

驭龙有术长啸处，江山终不负英雄。

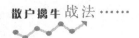

第一节

板块轮动掘金法则

对股市多少有点了解的人，应该都听说过板块轮动。而很多一飞冲天的龙头股，正是各大板块的领头羊。通常，主力欲运作一个热点板块时，也会从行业里具有强大影响力和号召力的两三只龙头股开始。如同在中国各地农村过年舞龙灯，龙头一旦舞起来了，龙身和龙尾自然配合联动，整个场面才会显得热闹非凡，从四面八方赶来的人，会围着龙灯欢歌笑语。龙头股亦一样，只要主力前期花点资金拉出一两个涨停，场外观望者都会忍不住跟风涌入，一段时间内主力不用太多资金，数量庞大的散户就能把股价推至涨停。下面，我就重点讲解一下板块效应及掘金法则。

一、板块轮动的奥秘

在股市交易中，板块轮动是指同一板块内的股票之间因具有同一特点或同一题材而具有有机的联系，当某只龙头个股上涨时，也会带动同一板块内的其他股票上涨，而不同板块轮番启动，如昨天金融板块领涨，今天换作地产板块领涨，就会形成明显的轮动效应。

事实上，任何一轮牛市都离不开热点板块的持续推动。比如，当大盘刚刚结束一轮熊市，开始转向牛市时，都需要超级权重股（如银行板块、地产板块、有色金属板块等）带领大盘指数向上攻击压力重重的关键点位。但因为像工商银行、中国石油这样的超级权重股影响太大，基本用于冲锋和攻克难关，不太可能天天上涨，否则指数要涨上天了。

当大盘在超级权重股的带动下，将低迷的人气激活之后，就会轮到其他行业龙头接棒发威。每当这个时候，各种概念板块和题材股会逮着一点利好消息就爆炒一番，形成百花齐放的大好格局。尤其是此前卧倒不动的各类机构开始发力，不断根据自己的喜好拉升行业龙头，而手法凶悍的游资，更是采取打一枪换一个地方的策略，到处点火，营造市场做多的浓厚氛围。

　　根据我常年观察得出的一个规律或者说奥秘，每一轮牛市的开始和结束，基本都是先由超级权重股强力推动大盘向上连破重要压力位，然后具有较强号召力、业绩优秀的行业龙头股轮番发力，板块轮动开始，接下来就是价格处于低位，尚未被充分挖掘的普通股上涨，当前面的这些股都被炒过，再无可炒作的目标股时，就该轮到业绩很差的股如 ST 上场，此时一轮牛市也将宣告落幕。

　　至于说板块轮动哪个板块先涨，哪个板块后涨，这就要看政策面和题材面的情况了，并无约定俗成的规律。需要特别说明的是，一般情况下，长线投资者因为持股时间相对较长，几乎不受板块轮动现象的影响，但短线投资者则必须深入理解和熟练把握，以达到让赢利奔跑起来的目的。

二、捕获板块领涨股

　　在股市日常交易中，投资者经常会看到，原来异常沉闷、交易清淡的大盘，有时会突然出现热点板块，一些板块龙头个股被快速拉升，并形成集体联动的板块效应，原本萎靡不振的大盘会加速强势上攻，甚至突破上方强大压力，站稳关键点位。

　　抛开相关部门在盘中突发重大利好政策，刺激相关板块集体上涨的特殊情况不说，一般而言哪个板块率先启动，大多数是经过主力周密计划的。具体操作时，主力会选择一到两只在行业内具有龙头地位的个股作为目标，突然用大资金连续买入，推动其股价快速拉升或直接打上涨停板，让人产生想跟进却来不及的感觉。

　　虽然部分主力的目的，主要是为了提振市场信心，不为短期出货赚钱，尤其在熊市低迷期，股价大多处于低位，主力就算将板块龙头股拉上两个涨停，也不见得有多少人敢跟进，出货自然也比较困难。但也确实有一些主力正是利用这种突然出现的"赚钱效应"，吸引场外观望资金进场买股。一方面，此举可以让更多的资金维持目标股起码不至于跌得稀里哗啦；另一方面，在熊市中，为数不多的龙头股进入涨幅榜前列，还是能够吸引部分胆大的投资者入场，而当人气被激发，股价涨至一定幅度后，主力可以暗中出货，达到掩护出逃的目的。

　　总的来说，不论是处于熊市还是牛市，当发现龙头股启动时，尽管风险时刻都存在，但也是散户高手闪电出击的大好机会，如果技术过硬，对主力的操盘手法熟悉，时机把握精准，还是容易抓到短期内翻番的超级牛股的！具体操作方法如下：

1. 第一时间发现并研究热点板块

主力向来不打无准备之仗，选择哪个板块作为热点启动，都是周密筹划的，在出手之前，他得考虑该板块能否得到市场普遍认同，投资者是否愿意积极跟进的问题，否则，他自己自弹自唱，岂不是做亏本买卖？比如2017年就出现了白酒等热点板块。

当然，散户投资者要想在短线操作上赚钱，必须要锻炼出一双火眼金睛。平日里，要有意识地多研究国家政策动向，以及利好政策出台后，对哪些区域和行业里的上市公司有帮助，相关板块龙头股是哪些，提前在行情软件上将这些潜在目标个股放入自选板块，一旦相关板块突然启动，即可做到第一时间发现研究热点板块，并迅速做出决策。

那么，如何判断目标板块已经开始启动呢？

（1）观察涨幅榜。在大盘非大涨大跌的正常走势下，涨幅榜前30名中（排除当天上市的新股），当某板块的个股达到四分之一左右，同板块涨停个股密集上榜，且连续三至四天都出现类似情况时。

（2）监测板块异动。不同的股票软件可能在板块分类上略有不同，但大多都会按照行业、地区、概念等分成两百多个类别。如果在软件的板块分类中监测到某个板块连续三四天进入涨幅榜前列，表明该板块异动，极有可能成为一段时间的领涨板块。

2. 最快速度识别抓牢领涨龙头股

大盘要想持续走高，自然需要热点板块来推动行情向纵深发展，而热点板块能否有序轮动起来，又需要龙头个股振臂一呼号召"群雄"。很多经验丰富的主力，会同时进驻同一板块内的多只个股，只要拉高其中一两只龙头个股，场外资金眼看龙头股已经有一定涨幅，会立即涌进板块内的其他个股，做多人气被点燃后，有时就会出现大多数板块下跌，而领涨板块的上市公司的股票全线上涨的局面。

因此，散户朋友要想让赢利奔跑起来，除了前面谈到的跟主力技巧之外，还得学会以最快速度识别抓牢领涨龙头股。否则，当龙头股涨幅很大后，再追进去风险很大。根据我多年经验，主力选择用于发动领涨行情的龙头个股，大多具有盘子适中（太大占用资金太多，太小难以提振人气），业绩尚可，具有一定号召力，短期无明显利空等特征。如2017年涨势如虹的白酒板块，龙头个股是贵州茅台。见图4-1-1贵州茅台（600519）。

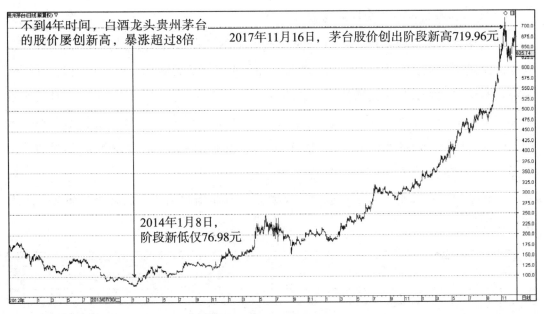

图 4-1-1　贵州茅台（600519）

2017 年以来，市场投资风格明显偏向价值型白马龙头品种，以贵州茅台为代表的一批同类型股票受到市场热捧，机构投资者、海外投资者蜂拥而入。正是在各类资金合力助推下，贵州茅台掀起一轮轰轰烈烈的上涨行情，从年初每股价格不足 330 元，到 2017 年 11 月 16 日，创下历史新高 719.96 元，本轮涨幅如果从 2014 年 1 月 8 日的阶段新低 76.98 元算起，不到 4 年时间，贵州茅台的股价已经暴涨 8.35 倍。

市场各方之所以对贵州茅台关注度较高，主要是因为在广大中小散户心中，贵州茅台俨然行业龙头股的"标杆"，即便资金很小的投资者买不起贵州茅台股的股票，但该股却是很多人投资股市的重要参照物。

此外，2017 年 11 月底，有券商食品饮料团队研究认为，每到年底备货及来年春节，白酒板块利好因素还会再现，股价短期调整也不改向好趋势。特别是，近期年度估值切换的空间有所兑现，但白酒行业复苏趋势不改。包括三方面因素：一是虽然茅台价格持续上涨，股价也已经反应两年，但经销商刚开始赚钱一年半，经销商赢利的逐步改善会加速行业正循环，这样的过程不会在短期结束，而是在未来至少两三年会呈现自我加强特征；二是以茅台为代表的龙头酒企都完成了管理层更换，新管理层整体展现出来的风格更加务实、更加开放；三是茅台批价虽然有明显上升，但尚未探至上轮高点，若考虑购买力平价数据则更低，强劲的基本面将继续支撑白酒板块估值。

3. 买前观察量价配合和技术形态

前面谈到要以最快速度抓牢领涨龙头股，是不是意味着一看到有个股发射升空，就立即跟进买入呢？答案是否定的。此时，除了考虑该股是否属于热点板块龙头股外，买前还要重点观察其量价是否配合，技术形态是否走稳。比如，某只龙头个股其他条件都不错，但当它突然启动时，全是小单买，大单卖，KDJ 和 MACD 等技术形态并未配合，成交量并未放大，如果直接杀进去，很容易跳进主力设置的诱多陷阱。见图 4-1-2 开尔新材（300234)分时图。

2017 年 10 月 10 日，经过一轮猛烈下跌后，开尔新材当日午后开盘没多久，主力便直拉涨停。

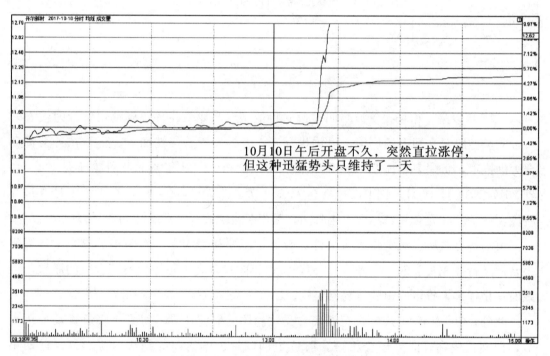

图 4-1-2 开尔新材（300234）分时图

当时午后，见到该股突然启动，气势十足，似乎不给人入场的机会，如果按捺不住冲动，立马杀进场内，你会发现这种势头只维持了 1 天，随后连跌 4 天。虽然后面几个交易日给了你离场机会，倘若一味苦等拉升，才知道只是一个诱多的骗局。

稍加留意，你会发现，10 月 10 日涨停时，初看 MACD 和 KDJ 指标貌似走势不错，但成交量并未急剧放大。此时，最好的办法是观望一两天再决定是否跟进，不宜立马买入，防止主力强拉涨停诱多。见图 4-1-3 开尔新材（300234）K 线图。

110

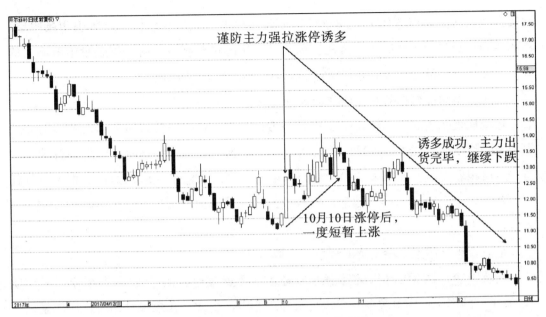

图 4-1-3　开尔新材（300234）K 线图

4. 见势不妙及时卖股离场

所谓兵无常势，水无常形，板块轮动四个字已经揭示了变化是基本特征，领涨龙头自然也是不断变化的，尤其是短线操作，一定要随机应变。让你发现手里的领涨龙头股在经过一段时间的拉升，量能放大，但股价却再也涨不动，并且相关技术指标出现背离时，多半是主力出货前兆。尽管强势牛股不会一下子就跌下来，主力会在高位托着股价不跌暗中出货，建议见势不妙先行卖股离场。即便判断失误，股价又继续上涨，也没什么可后悔，继续寻找下一只龙头股。如果你看好该股后期表现，也可以静待回落整理时再度入场。

三、研判短线交易机会

客观来说，无论大盘是上涨、震荡还是下跌，个股的短线交易机会时刻都有。只不过，大盘向好时，短线交易机会要多些。大盘走跌时，短线交易机会相对少些。那么，作为散户，到底该如何快速研判有无短线机会呢？把握下列三步极为重要：

首先，密切跟踪大盘走势。

既然是短线操作，自然要随时观察大盘走势。通常情况下，大部分主力都会顺势操作，也就是说，为了节约成本，扩大战果，主力也不敢轻易逆大盘而动。当然，个别实力强大的主力逆势而为，故意将目标股封死涨停或打至跌停，以吸引市场眼球，从而达到自身目的的情况还是有的。因此，为了尽可能减少风险，资金量本就不大的散户，在追击领涨龙头股时，尽量选择大盘趋稳或走高时操作。

其次，留意涨幅榜有无板块联动效应。

短线捕捉龙头股，不能见涨就追。一方面，要看目标股的量价是否配合良好，技术形态是否走稳。此外，当目标股启动时，与之属于同一板块、同一概念的其他个股是否及时跟着上涨？如果居于大盘涨幅榜前列的个股无法形成联动效应，根本不具任何关联性，则说明市场热点散乱，领涨股的市场号召力不足。此时，最好先观望，不要盲目出击。

最后，锁定国家政策支持的板块及个股。

众所周知，尽管管理层的监管和服务水平不断提升，但 A 股市场至今仍未摆脱"政策市"的影子，国家政策对股市仍有强大影响。因此，在短线操作时，应尽量回避国家政策打压的板块和个股（如近年来强力推行的"三去一降一补"，就涉及钢铁、水泥等产能过剩行业），而应积极选择国家政策支持的板块和个股。原因在于，主力选择要运作的目标股，为了安全起见，通常也会从前景看好、政策倾斜的新兴战略行业中去找。

近年来，人工智能成为热词。我国高度重视人工智能重大战略意义，重磅产业支持政策不断出台。2017 年 7 月，国务院印发《新一代人工智能发展规划》，其中提出六大重点任务：一是构建开放协同的人工智能科技创新体系；二是培育高端高效的智能经济；三是建设安全便捷的智能社会；四是加强人工智能领域军民融合；五是构建泛在安全高效的智能化基础设施体系；六是前瞻布局新一代人工智能重大科技项目。

该规划还提出了分三步走的战略目标：第一步，到 2020 年人工智能总体技术和应用与世界先进水平同步，人工智能产业成为新的重要经济增长点，人工智能技术应用成为改善民生的新途径，有力支撑进入创新型国家行列和实现全面建成小康社会的奋斗目标；第二步，到 2025 年人工智能基础理论实现重大突破，部分技术与应用达到世界领先水平，人工智能成为带动我国产业升级和经济转型的主要动力，智能社会建设取得积极进展；第三步，到 2030 年人工智能理论、技术与应用总体达到世界领先水平，成为世界主要人工智能创新中心，智能经济、智能社会取得明显成效，为跻身创新型国家前列和经济强国奠定重要基础。届时，人工智能核心产业规模超过 1 万亿元，带动相关产业规模超过 10 万亿元。

其实稍加留意就会发现，近年来我国有关人工智能的相关政策出台愈加密集，持续加码。从 2016 年 3 月人工智能写入"十三五"规划，到 2017 年"两会"人工智能首次写入政府工作报告，被确定为未来加快培育壮大的新兴产业之一，再到《新一代人工智能发展规划》的出台，这标志着人工智能已经上升至国家战略高度，而"三步走"战略、六大重点任务清晰规划人工智能发展路径。

除了国家层面，各地方也密集出台相关政策。

面对人工智能汹涌澎湃的大潮，上海版的人工智能产业扶持政策也于 2017 年 11 月 14 日正式出炉！根据发展目标：到 2020 年，基本建成国家人工智能发展高地，基本形成具有国际竞争力的人工智能重点产业集群。建成 5 个左右人工智能特色产业集聚区，培育 10 家左右人工智能创新标杆企业，人工智能重点产业规模超过 1000 亿元。

我虽然不是科技发烧友，但对人工智能一直比较感兴趣，认为其将改变人们未来很多的工作和生活方式，因此，也一直在二级市场上寻找相关目标股，最终选择了科大讯飞。之所以瞄准该股，有几点原因：

（1）在 A 股市场上，科大讯飞被视为人工智能第一股，有名气和号召力，是典型的行业龙头。

（2）人工智能作为人类社会发展的大趋势及我国的重大战略发展方向，科大讯飞得到政府的大力扶持是可以预期的，这是其他公司所不具备的优势。

（3）公司是国内智能语音和人工智能产业的领导者，在智能语音及人工智能行业深耕近 20 年，始终专注于智能语音及语言技术、人工智能技术研究，拥有国际领先的源头技术，并逐步建立起围绕科大讯飞为核心的人工智能产业生态。

2017 年 1 月中旬到 3 月底，科大讯飞曾经有过一波拉升，但我当时总觉得时机还不够成熟，暂未参与，错过了一波行情。见图 4-1-4 科大讯飞（002230）。

2017 年 6 月 15 日，该股平开高走，全天小幅放量，突破 60 日均线的压制，当天最终上涨 3.19％，站上所有均线上方，转强趋势极为明显。但因为不太确定 60 日均线的突破是否有效，当日我并未入场。

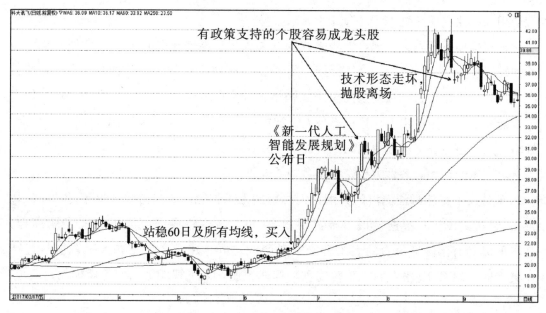

图 4-1-4　科大讯飞（002230）

2017 年 6 月 21 日，该股高开低走，但尾盘强势上拉，站稳 5 日均线，加上 MACD 走势良好，我便于当日 14：30 之后，以 32.16 元买入。此后，该股连续拉升。7 月 17 日，该股早盘短暂下破 20 日均线，但很快收回，属于典型的洗盘行为，我不为所动。

7 月 20 日，《新一代人工智能发展规划》公布，人工智能概念板块表现较为活跃，板块整体上涨 0.8%，科大讯飞当日大涨 8.86%。

2017 年 8 月 28 日，该股冲高回落，尾盘更是快速跳水，同时跌破 5 日和 10 日均线，但我一犹豫，没有及时抛股，错失一个较好的卖股机会。第二天，该股低开低走，加上 MACD 指标高位死叉，KDJ 指标也走坏，为防止来回坐过山车，我尾盘以 56.15 元抛股撤退。

在操作科大讯飞这只个股时，主要是基于宏观产业政策支持，持股两个月，收益 74%。尽管该股后面还创出了新高，但不属于我的，已经与我无关了。

四、掘金国家产业政策

关于如何从国家产业政策中掘金，我认为值得好好说一说。通常，一项战略决策的出台，要经历传闻期、媒体密集报道期、正式出台期、专业机构解读期。而在不同的阶段，最为敏感的股市表现也是不同的，我们要采取的策略也得有所不同。

1. 传闻期

一项影响国计民生或行业发展的重大产业政策出台，一般会由相关部门的领导或参与政策制定的专家、学者和龙头企业管理者，在相关会议或论坛上有意无意地放出风声，措辞包括正在研究制定、可能出台、方案已经送审、即将出台等，此时，股票市场上相关板块立马闻风而动，心急的主力更是会第一时间出手，强力拉升一两只个股，引起场内外投资者注意。但因利好政策尚处于传闻阶段，大部分主力也不确定消息是否属实，还属于朦胧利好，因此不敢投入重金炒作。此时，板块和个股的行情表现，呈现出来去匆匆的特征，持续性不佳。传闻期有长有短，如果一两年政策都没出台，过早潜入的主力会寻机抽身而去。

2. 媒体密集报道期

当媒体开始密集报道某项相关产业政策即将出台，并且有权威部门领导明确表示或暗示好事将近，通常意味着政策出炉在即。比如，2017年6月29日，2017世界智能大会在天津召开。在开幕式演讲中，全国政协副主席、科技部部长万钢透露，最近新一代人工智能发展规划已编制完成，该规划对直到2030年的中国人工智能产业进行系统部署，包括与此相关的人工智能重大科技项目，规划将于近日向全社会公布。果不其然，《新一代人工智能发展规划》7月20日便通过官方媒体对外公布。

在媒体密集报道期，产业政策的发展态势明显，主力心里的石头也终于落地，也敢于大肆炒作目标个股，相关板块和个股的涨势有一个再度升温的过程。此时，也是散户投资者较好的选股入场时机。

3. 正式出台期

所谓利空出尽即利好，利好兑现即利空，当利好政策最终出台时，A股市场上相关板块和个股一般会顺势冲高，然后迅速分化。部分与政策走向吻合，"根正苗红"的个股会继续上涨，甚至涨势会持续较长一段时间；与此同时，部分前期被爆炒，只是与利好沾点边并不会带来实质好处的个股会快速跳水，主力正好借利好出货。

此时，投资者就要睁大眼睛，认真分析哪些公司是真货，哪些公司是假把式了。一味以为利好到来必定刺激相关个股大幅上涨，不过是一厢情愿。见图4-1-5大富科技（300134）和图4-1-6新易盛（300502）。

图 4-1-5　大富科技（300134）

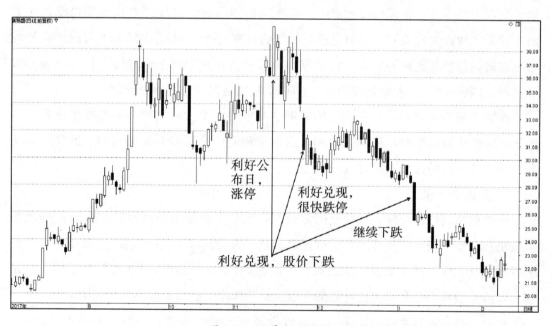

图 4-1-6　新易盛（300502）

2017 年 11 月 14 日，有媒体报道称，近日，工信部发布了 5G 系统在 3000－5000MHz 频段（中频段）内的频率使用规划，中国成为国际上率先发布 5G 系统在中频段内频率使用规划的国家。

方正证券认为，5G 不仅会给人带来更快的网络传输速率和更低的资费，而且让万物互联成为可能。预计三大运营商 4G 累计投资 5600 亿左右，是 3G 的 2.5 倍，5G 全覆盖预计累计投资 2.3 万亿左右，投资规模是 4G 的 4 倍。运营商花费更多的时间培育市场需求，资本开支方面的投资也就更加平缓，周期更加长，全覆盖将是一个长期目标。

信达证券分析认为，虽然按照 5G 在 2020 年实现商用的规划，离 5G 大规模的投入还有点时间，相关公司业绩的显现还需要时间，但按照 3GPP 的标准制定时间表，2018 年 9 月将冻结第一版 5G 标准，因此从 2018 年开始，运营商网络试验进展，各大通信展会以及标准组织关于 5G 的消息将会越来越密集，从而催化提升相关公司估值。

按照中国三大运营商 4G 成熟网络预测，目前中国三大电信运营商 4G 基站数超过 380 万，累计投资超过 5700 亿，建设周期 5－6 年左右。判断未来 5G 初期完成 30％热点区域连续性覆盖，整体投资大概为 7000 亿左右，但是由于盈利模式受限，其投资周期预计将长达 10 年。

上述消息出来后，5G 概念股表现活跃，相关概念股大富科技（300134）等个股强势拉升，上演"强者恒强"的好戏，不过相关概念股表现并不太稳定，有的继续创出新高，有的则在相对高位暴跌，分化明显。11 月 17 日，从 2017 年 7 月中旬开始上涨，不到 4 个月股价翻番的新易盛直接跌停。此后，该股也持续走低，截至 12 月 21 日，该股收盘价为 30.95 元，比 11 月 15 日涨停时的阶段高点 39.69 元，跌去了 22％。

4. 专业机构解读期

此时，该分化的个股已经在分化了，短期操作机会基本消失，专业机构如券商、私募基金、投资公司、股评家的解读分析会铺天盖地而来，这些解读不会对相关板块和个股涨跌产生实质影响，但却能为投资者选择相关目标股做中线投资提供较好的帮助，因为部分优秀的行业分析师有长期跟踪行业、到上市公司实地调研的经历，其研报的成果确实比大部分普通投资者要好。

至于如何从国家产业政策中掘金，则主要是要求我们打开思路，要及时对政策能够带来较大正面影响的细分行业或领域龙头进行筛选。以 2017 年 7 月国务院印发《新一代人工智能发展规划》为例，通读之后，我们会发现，这份国家级规划涉及的细分领域极为丰富。

比如，在谈到建立新一代人工智能关键共性技术体系时，就提到了知识计算引擎与知识服务技术、跨媒体分析推理技术、群体智能关键技术、混合增强智能新架构与新技术、自主无人系统的智能技术、虚拟现实智能建模技术、智能计算芯片与系统、自然语言处理技术。在谈到大力发展人工智能新兴产业时，重点点出了智能机器人、

智能运载工具、智能终端等几大方面。此外，还提及了智能农业、智能家居、智能医疗、智能政务、智能法庭等，涉及工作、生活和学习的方方面面。

如果你正好对人工智能很感兴趣，了解深入，那么恭喜你，你绝对可以根据上述政策，在股市中找到投资机会。如果你对这些较为专业的技术不太懂，也不用担心，可以用前面提到的方法，从专业研究机构发布的研报里寻找掘金机会。

2017 年 7 月，如民生证券就发布研报分析认为，当前 AI 应用表现为以特定领域为主的弱人工智能，长期来看在技术进步和政策监管的双重推动下，产业有望在金融、教育、医疗等关键领域实现突破，形成千亿元级别的人工智能市场应用规模。目前，全球人工智能领域的投资金额已呈爆发式增长态势，且未来运算能力、数据量以及算法等势必进一步提升。人工智能将进一步与传统产业相结合，利用大数据分析、算法等技术实现更成熟的人工交互机制。该机构认为，目前在各细分应用领域龙头企业将直接受益于政策红利和投资扶持，技术实力得到加强，利好行业长期发展。建议重点关注神思电子（智能人脸识别＋智能语音客服）、思创医惠（携手 Watson 开拓智慧医疗）、海康威视（智能视频安防龙头）、浪潮信息（发布 AI 训练服务器）等标的。见图 4-1-7 海康威视（002415）。

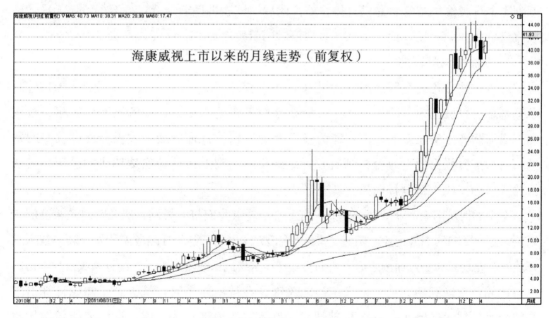

图 4-1-7　海康威视（002415）

龙头股捕捉技巧

　　所谓龙头股，是指在某一时间段，率先起涨，对同行业同板块的其他股票具有较大影响力和号召力的股票，它的涨跌能对其他同行业板块股票的涨跌起着明显的引领和示范作用。

　　不过，值得注意的是，龙头股只是个相对概念，随着主力炒作目标的转移和同类新股不断上市，之前的部分龙头股地位可能会受到挑战，即旧的龙头股可能会被新崛起的龙头股取代。

一、龙头股的五大基本特征

　　但凡参与股市交易的人，都想时不时抓住一两只龙头股，轻松跑赢大盘，让赢利奔跑起来。但是，很多人对龙头股有什么与众不同的特征，却一知半解。根据我的经验，具备如下几大显著特征的，才能称为"龙头股"。

　　（1）在某段时间之内，大盘处于上涨状态，龙头股的涨幅要远远高于大盘涨幅。比如，连续两三天沪深指数每天只微涨 0.5%—1%，同期龙头股则大涨 6% 以上甚至涨停。

　　（2）在某段时间之内，如果大盘处于横盘震荡状态，龙头股的涨幅要高于大盘涨幅。比如，连续两三天沪深指数每天都是微涨微跌，同期龙头股则大涨 3%—6%。

　　（3）在某段时间之内，如果大盘处于下跌状态，龙头股要保持较强抗跌性，或跌幅要远低于大盘跌幅。比如，连续两三天沪深指数每天都是下跌 1%—2%，同期龙头股横盘不跌，或小涨 3% 左右。

　　（4）在某段时间之内，龙头股的表现始终要强于同板块和同概念其他个股。一旦行情启动，龙头股必须要率先冲上涨停板。就算当天大盘行情很差，没有涨停个股，龙头股一定要进入当天的涨幅榜前列。

　　（5）龙头股必须有登高一呼，应者如云的影响力。

龙头股犹如统领前线将士的首领，往城头一站，城下将士斗志昂扬，热血澎湃，随时都有往前猛冲的动力。

必须指出的是，考虑到不同的投资者有不同的判断方法，龙头股的特征肯定不止这些。但我以为，以上几点基本特征较有代表性。

讲一个实战案例。

当前，随着保险知识的普及和民众保险意识的提高，保险行业再次迎来新的发展期，中国平安无疑是当之无愧的行业龙头。很多人都没想到，在A股市场不温不火的2017年，中国平安会成为蓝筹板块领涨龙头，股价接连创出历史新高。以贵州茅台、恒瑞医药等为代表的优质蓝筹股年内股价一路高歌猛进，上证50指数屡创新高，年内累计涨幅达到26.61%，被投资者形象称为"漂亮50"行情。"漂亮50"的核心是价值投资，成长和业绩是关键。在"漂亮50"的成分股中，截至12月22日，有13只大盘蓝筹股年内股价创出历史新高，其中，中国平安（115.3%）、贵州茅台（108.60%）、伊利股份（95.06%）、洛阳钼业（74.53%）、招商银行（73.72%）、中国太保（62.1%）和新华保险（55.9%）等7只个股年内累计涨幅均在50%以上。其中，中国太保和新华保险均属保险板块，其强劲走势稍弱于行业龙头中国平安，且明显受到后者带动！

其实，在长期跟踪保险板块的投资者看来，中国平安的爆发，看似意外，其实亦在情理之中。因为，在看似庞大繁杂的业务体系下，中国平安正悄然进行理性布局和稳步推进新型业务。

具体来说，作为中国保险业的龙头企业，中国平安在发展传统金融业务的同时，积极投入人工智能等高精尖科技的研发，成功转型为科技驱动型的企业，并已经对外开始输出保险科技。

比如，2017年9月，中国平安旗下金融壹账通推出了"智能保险云"，将最前沿的人工智能技术开放给保险同业。"智能保险云"包含"智能认证""智能闪赔"两款核心产品。开放的产品融合了人脸识别、语音语义识别、声纹识别、微表情等17项核心技术以及394项平安自有专利。

其中，"智能认证"主要利用人脸识别、声纹识别等人工智能技术为每位客户建立生物档案，完成对用户、相关行为及属性的快速核实。平安"智能认证"投入使用后，新契约投保退保率降至1.4%。投保时间可缩短30倍，双录时间缩短3/4，质检成功率提升65%。同时，"智能认证"覆盖保险公司90%以上客服环节，极大地提高客服效率。

"智能保险云"的另一项核心产品叫作"智能闪赔"，主要用于车辆事故定损、理赔。

"智能闪赔"运用的高精度图片识别技术，覆盖所有乘用车型、全部外观件、23种损失程度，智能识别精度高达90%以上。"智能闪赔"的定损快速而精准，目前已经投入中国平安的日常业务当中。除此之外，"智能闪赔"还具备智能风险拦截功能，中国平安开发30000多种数字化理赔风险控制规则，覆盖理赔全流程主要"个案"与"团伙"风险。

与此同时，金融壹账通携"智能财富管家"正式进入智能投顾市场。该产品整合了金融壹账通大数据客户识别能力、平安证券基金投研服务与陆金所资管基金销售服务，独创客户画像智能识别系统，为用户提供智能化、个性化的资产配置方案。

换句话说，中国平安除了作为保险产品提供商外，又新增了"保险科技提供商"的身份，很明显，该公司已经开始了从资本驱动向科技驱动的转变，并已开始向同行业输出保险科技。而回溯平安的发展历史，该公司由最初单一业务的寿险、产险，积极地向多元化发展，其科技创新基因可谓十分强大。

二级市场上，中国平安自4月底开始启动以来，一路高歌猛进。截至12月22日收盘，该公司总市值达到13531亿元，已稳坐全球第一大市值保险公司。

实际上，我本人对中国平安的印象一直不错，自己也是平安车险的长期用户。该公司车险给人的感觉是，赔付极为快捷，且手续简便，不折腾。但遗憾的是，正如前面谈到的，犹豫不决是散户最大的敌人，我也因此错失中国平安这只牛股，委实可惜！见图4-2-1中国平安（601318）。

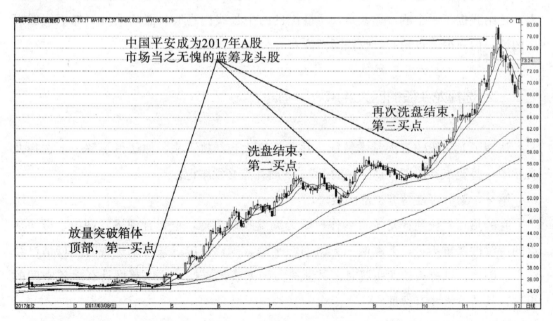

图4-2-1　中国平安（601318）

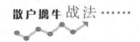
2017年4月20日，中国平安召开尖刀服务发布会，旗下产险、寿险、陆金所、信用卡和养老险等联合推出5大尖刀服务，主打"极速、智能"，用"服务速度"和"科技创新"，逐一击破用户体验痛点。该公司推出的"5大尖刀服务"，均是行业首创，将提升1.3亿客户在"医、食、住、行"等场景中的金融消费体验。不过，当日公司股价并无反应，仅微涨0.84%。

2017年4月26日，中国平安上涨2.91%，放量站上所有均线，并一举突破前期箱体震荡的箱顶，正式开始牛股征程。很显然，当日是最佳第一买点。

尽管经过长时间平台整理的中国平安当时大多数技术指标都已转好，但我觉得，该股盘子过大，小资金根本无法推动股价持续上涨，因此第一时间并无介入打算。

从4月26日的收盘价36.46元算起，至8月18日，中国平安的涨幅已经超过40%。当日，是主力洗盘结束后的又一个起涨点，为不错的第二买点，但因为考虑到该股作为大蓝筹，在大盘处于震荡市的情况下，这个涨幅已经不低了，因此，我再次犹豫了。

国庆节后的10月12日，其实依然还有入场机会，为风险稍高的第三买点。我仍然不敢出手。就这样，只能眼睁睁看着该股继续走高。11月22日，中国平安创出79.96元的历史新高。

从错过中国平安这只蓝筹牛股的案例中，不但再次证明犹豫不决是自己最大的敌人，还给我提了一个醒，那就是，质量优良的中长线白马股，涨幅虽然不如短线股那么凶悍，但只要多点耐心，收获同样惊人。

二、选择龙头股的四大要点

认清了龙头股的五大基本特征，并非万事大吉。接下来，你还得了解一下选择龙头股的一些要点。所谓"擒贼先擒王"，下面几点必须牢记。

第一，紧盯可能持续上涨的板块。

有的热点板块纯粹是游资炒作，既无突发政策支持，也无合理爆发理由，板块热点的持续性严重不足，上涨两三天就回归平静，等你反应过来再杀进去时，行情已经结束。因此，选择板块龙头股时，尽量选择国家政策支持，炒作题材具有想象空间的板块，其持续性才有保证。

第二，追击最先涨停的龙头股。

因为一个人的时间精力有限，我们不可能对所有板块都研究得很透彻，当某个板块突然启动时，短时间内你又没法判断该板块内到底哪只是龙头股，一个简单的判断方式是，谁先成功涨停，就追击哪只。道理很简单，主力的资金再强，也只会做一个板块的两三只，不可能全部都做，其重兵攻击的个股，通常是用来带动板块整体向上的，其上涨的持久性和抗跌性较强。见图 4-2-2 贵州燃气（600903）分时图。

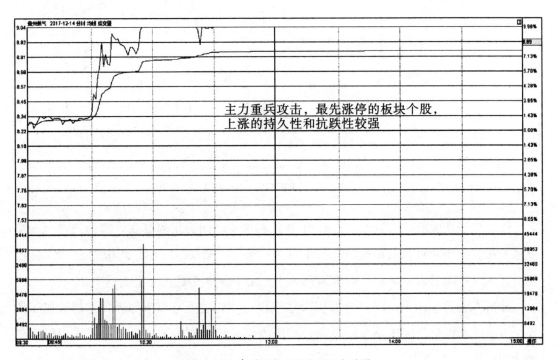

图 4-2-2　贵州燃气（600903）分时图

受采暖季来临，叠加"煤改气"等多重因素影响，我国北方地区出现大面积天然气供应紧张的局面。2017 年 12 月以来，LNG（液化天然气）的价格持续上扬。作为天然气行业的龙头股，次新股贵州燃气 2017 年 12 月表现强劲，并带动板块内其他个股如重庆燃气（600917）、长春燃气（600333）集体上涨。见图 4-2-3 重庆燃气（600917）。

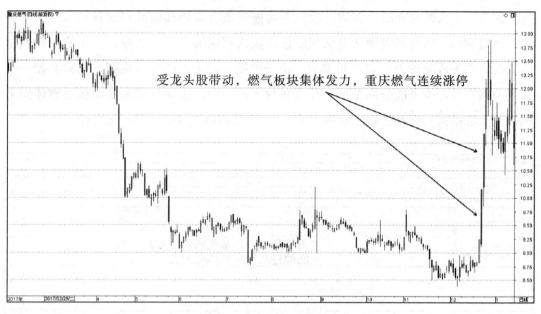

图 4-2-3　重庆燃气（600917）

而燃气板块大涨的背景是，2017 年 9 月底以来，因为供需紧张，国内天然气价格快速上涨。据生意社数据显示，9 月 18 日国内液化天然气（LNG）均价为 2973.85 元/吨，至 12 月 18 日液化天然气均价为 6929.17 元/吨，3 个月内涨幅高达 133％。

分析人士普遍认为，2017 年我国天然气供应紧张主要有以下原因：①煤改气工程等原因所带动的燃气需求增长超预期；②国内储气能力严重不足；③中亚进口管道气比计划减少 4200 万方/天。

相关机构分析认为，与其他化石燃料相比，天然气在燃烧热值、价格、清洁环保性等综合性能方面占据优势。随着人们对于天然气性能的认识不断加深，民用、工商业、车用天然气的需求量不断增加。此外，国家近年来还制定了诸多支持天然气行业发展的政策，如国家能源局研究制定了《2016 年能源工作指导意见》，其中提出发布实施能源发展"十三五"规划、推动出台《关于深化石油天然气体制改革的若干意见》、启动实施"互联网＋"智慧能源行动等，同时能源行业加强大气污染防治工作方案、天然气利用政策等文件都提到了要加强天然气行业的发展建设，国家政策支持力度大。

正是因为受到诸多利好政策和强劲需求支撑，有观点认为，天然气行业正在迎来十年黄金发展期。

12 月 14 日早盘，板块龙头贵州燃气早盘强势涨停。此后几天，该股高歌猛进，并于 2017 年 12 月 20 日、21 日、22 日、25 日、26 日、27 日和 2018 年 1 月 2 日、3 日连拉 8 个涨停，稍事休整后，该股又从 1 月 10 日开始新一轮涨停攻势，涨势可谓惊人。见图 4-2-4 贵州燃气（600903）K 线图。

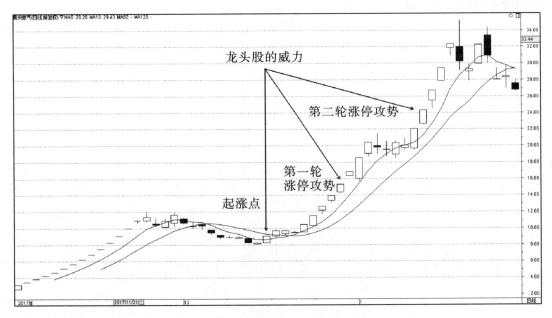

图 4-2-4 贵州燃气（600903）K 线图

受龙头股带动，天然气板块集体起舞。其中，重庆燃气 2017 年 12 月 21 日、22 日连续涨停，长春燃气 12 月 22 日、26 日涨停，板块内其他个股如新天然气（603393）、深圳燃气（601139）等也连续大涨。而天然气板块连续强势上涨，龙头股贵州燃气的惊艳表现至关重要，如果敢于第一时间追击贵州燃气，获益自然不小。

第三，选择有业绩有题材的个股。

一只股能否成为龙头，要么业绩优秀，要么有利好消息，要么有题材可炒作。这是因为，一只股要吸引大资金进入，业绩太差了不行，没有题材想象空间也不行。主力最担心的一点，是好不容易把股价炒作起来了，如果业绩不好，又无题材支撑，一旦大盘太差，无人敢再跟进，稍有风吹草动就有人不断抛盘走人，主力势必得考虑如何成功出货。退一步说，有业绩支撑的个股，即便短线操作失败，转换成中线持股，同样有赚大钱的机会。

第四，选择量价配合完美的个股。

一只股只有量价配合完美，跟风盘才敢大胆入场。尤其在第一波和洗盘后的第二

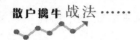
波拉升阶段，如果成交量处于不规则状态，场内持股和场外等待入场的投资者心里都不踏实，由此带来的可能后果是，持股者随时想抛股离场，持币者迟迟不敢入场接盘，缺乏充足动能的涨势，容易提前夭折。尽管说量价配合完美并无标准，但最起码成交量和股价是同向配合而不是反向配合。

第三节

甄别真假龙头股

在股市交易中，龙头股也有做假的，因此，散户投资者必须学会甄别真假龙头股，否则容易误入主力提前挖的各种陷阱。在我看来，以下几点识别假龙头股的办法务必掌握。

一、四招看穿假龙头

1. 流通盘过大或过小

前面谈到，领涨龙头需要一定的资金量推动，流通盘过小或过大都不好。过大的话，大部分主力都无法强力拉升。比如工行，流通盘高达 2696 亿股，别说拉涨停，推升 5％需要的资金都是天文数字，一两家机构根本拉不动，因此此类个股连续大涨不具持续性。

那么，是不是流通盘小就一定好呢？也不是，流通盘太小，也较难成为龙头股。比如，流通盘不到 3000 万股的小盘股，可容纳的资金太小，大资金施展不开，一百万手买卖单下去，股价就涨停或跌停，太过招摇。此外，就算连续涨停，也不具有强大的号召力，这种股多半为假龙头股。

2. 一直处于跟涨而非领涨地位

A 股市场上，不同股票软件分类稍有不同，但基本都有 200 多个板块。有的大板块有几百只个股，一只股票因具有地域、行业、概念等不同特征，也有可能被同时分到多个不同板块。

正是因为板块内有很多个股，而主力的资金是有限的，因此在炒作某个板块时，不可能把所有个股都炒一遍，多半会同时运作一个板块内的两三只个股。其中，第一个率先涨停的大多为板块龙头，而一直处于跟涨地位的是假龙头。在板块共振效应的驱动下，一般有"龙头股大涨，跟涨股小涨；龙头股小跌，跟涨股大跌"的特征，因此，股市有"跟风不如追龙头"的说法。

　　从量价关系看，龙头股和跟涨股也不同：龙头股一般在起涨点即有连续性大量放出，突破后，分时图上先缩量，然后再放量，然后再开始进入调整。调整完成之后，一般还继续上升，当日收盘在较高位置；跟涨股一般在起涨点成交量不大，往往是被间断性大单拉高，到一定价位后才出现密集放量。之所以如此，是因为龙头股是主力全力运作的目标，而跟涨股只是为了配合龙头股表演，形成共振效应，甚至不排除跟涨股并无主力，股价全由中小投资者的买盘推高。

　　3. 量能放大不具持续性

　　判断一只个股是否成为龙头股，必须密切观察量能的放大是间歇性还是持续性。通常，真正的龙头股一定是连续多天放量，而假龙头股多为间歇性单日放量，前者为主力有计划性，后者为突发性或补仓性。

　　至于多少才算放量，要根据目标股的实际情况而定。放量又有相对放量和持续放量之分，前者指当日与前一交易日比较，后者指最近几个交易日和前一段时间的量能做比较。

　　通常，我们说一只龙头股的量能具有持续性，最好是规则温和放大。比如，某只股票起涨日成交1亿元，第二日1.2亿元，第三日1.5亿元，就算不太可能每天都是阶梯式放大，起码得有一定规律性，买入这样的龙头股，心里相对踏实得多。见图4-3-1中国神华（601088）。

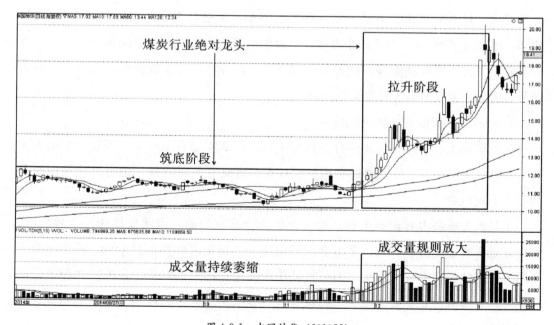

图 4-3-1　中国神华（601088）

试想，如果某只股起涨日成交 1 亿元，第二日猛增至 5 亿元，第三日大幅萎缩至 5000 万元，这种短时间之内的量能急剧变化，你心里肯定会打鼓，搞不清楚主力葫芦里到底卖什么药，反映到交易行为上，就是买和卖都难以下决心。

4. 小涨一波后无力拉升

真正的龙头股，一定是经过吸筹试盘、震仓洗盘、小幅拉升、回调整理、猛烈拉升、高位出货六大步骤，因为有这些完整步骤，大资金才便于顺利入场和离场，如果省掉其中的一两步，几十亿元的资金进出，很容易将股价打跌停或拉涨停，对主力隐藏战略目的极为不利。

而假龙头股的表现形式，大多是背后的主力猛烈拉升一波，吸引部分跟风盘后，迫不及待直接出货，根本无心考虑什么步骤。之所以这样做，可能是大盘环境变坏，敢于跟风的投资者大幅减少，或者是主力资金链断裂，无力或无心再运作目标股，一门心思只想尽快换股。遇到这种情况，万不可急匆匆地入场，先观察几个交易日再做决策。

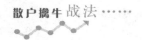

捕捉龙头股的四个步骤

俗话说：打蛇打七寸，擒贼先擒王。在股市实战中，赚钱最快的方式，自然是捕捉到涨速最快，涨幅最大的龙头股。但很显然，涨停股也不是那么容易抓到的，除了运气成分，更少不了通过反复训练。

通过前面的介绍，散户投资者对于板块轮动的规律、板块龙头的基本特征，如何识别真假龙头股等方面均有了详细了解，接下来，我们重点谈谈捕捉龙头股的实战方法。

一、姚氏战法："捉龙"四步骤

经过近 30 年的发展，A 股市场参与交易的个股超过 3000 只，要从中抓获涨幅可观的龙头股，难度可想而知，但只要遵循"捉龙"四步战法，胜率会大大提高。下面详细介绍作者总结的"捉龙"四步骤。

1. 判断大盘是否适合出击

要出击，大盘最好满足 5 个条件：

（1）如沪深指数最好处于上升通道，或已经经过长时间暴跌，风险得到较大释放；

（2）沪深指数的中短期均线逐渐形成多头排列，半年线和年线有拐头上行的迹象；

（3）两市周 KDJ、MACD 指标形成金叉；

（4）两市周成交量逐步放大；

（5）连续几天沪深市场合计涨停家数（除开 ST 股）最好不低于 30 家。

2. 快速识别主流热点板块

股市板块众多，大多数时候涨的涨，跌的跌，不可能普涨普跌，只有那些有较强赚钱效应和人气的主流热点板块，才是我们要重点跟踪追击的目标，基本条件有：政府出台行业利好政策、媒体密集报道、板块个股连续几天出现在涨幅榜前列、场外资金大量持续涌入等。为了防止热点板块启动后，寻找龙头股时手忙脚乱，可先将目标股放入自选股备查，一旦涨幅榜上有自己跟踪的板块启动，即可快速识别。

3. 果断追击领涨龙头

前面两步是准备，第三和第四步才是能否真正让赢利奔跑起来的关键步骤。具体做法为：当跟踪的热点板块内某只流通盘适中且业绩过得去的个股此前已上涨两三天，此时再次率先放量启动，且多个指标符合要求，确认向上有效突破时，直接追涨领头羊。

一般情况下，既然已经上涨两三天，说明有了一定涨幅，比如10％－20％，可能有读者问，此时再追涨是不是会冒很大风险。恰恰相反，龙头股是主力重点运作的标杆，具有先板块启动而起，后板块回落而落的特性，所以，涨幅比板块内跟风股要高很多，安全系数和可操作性反而最高。龙头股启动前是两到三根小阳或中阳线，拉出第一个涨停板时，通常是较为安全的买点，可大胆买入。因为连阳后拉涨停，表明主力各种准备完毕，接下来，要么直接开始逼空式表演，要么洗盘后再凶猛上涨。见图4-4-1 先锋新材（300163）。

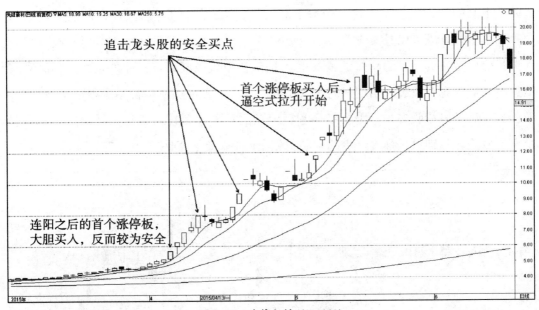

追击龙头股的安全买点

首个涨停板买入后，逼空式拉升开始

连阳之后的首个涨停板，大胆买入，反而较为安全

图4-4-1　先锋新材（300163）

追击领涨龙头的四种方法：

（1）在龙头股开盘即拉升至5％左右时买入。开盘强拉，意味着主力志在必得。除非是直接以涨停板开盘，否则，一般主力会采取高开、顺势冲高、回落、再拉升、涨停的步骤，散户投资者可在股价回落，上涨幅度在5％左右时买入。至于为什么是涨幅在5％，而不是3％或7％，这个数值是我在十多年的实战中总结出来的，3％幅度不够，主力的决心尚未很好展现；7％幅度过大，买入时成本太高。

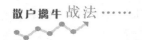

（2）在龙头股打开涨停时买入。有的主力，开盘迅速封住涨停，但上方抛压太大，或主力想让还未来得及入场的利益方上车，便会任由上方抛盘打开涨停，然后再用巨额大买单封死涨停至收盘，投资者可以在开板后的短暂时间买入。当然，也有以涨停开盘，中途被打开，此后再未封住，主力趁机出货的情况。至于属于哪一种，确实很难准确判定，毕竟大多数时候决定个股走向的是主力，而非中小投资者。

但要特别提醒的是，打开涨停板后是否值得果断追涨入场，具体要看大盘情况和目标股股价所处的位置。如果是刚起涨两三天出现的涨停板被打开，股价还处于相对低位，大盘走势也配合，则可大胆买入。如果本轮涨幅已经超过 50%，目标股盘中打开涨停后，卖一卖二处有巨额卖单，下方并无大买单护盘，此时就要注意是否主力出货，如果把握不准，可暂时按兵不动，以观望为宜。

（3）在龙头股回落整理时买入。实力稍弱或有意让跟风盘抬轿的主力，一般采取台阶式上涨的方式，边洗边拉，中途不断有回落整理，散户投资者可在回落时买入。这种回落整理，既可以是 1 个交易日中的某个时段，也可以是几个交易日，投资者要根据目标股是游资操盘的超短线概念股还是正常中短线股而定。此外，遇到超级利好消息时，概念龙头股起涨初期任何一次小幅高开后的盘中回落，都是难得的买入机会。至于买入后可以持股多久，则要结合利好消息的重要性和技术指标灵活决定，但一般都不会亏损，区别只是赚多赚少的问题。见图 4-4-2 青龙管业（002457）。

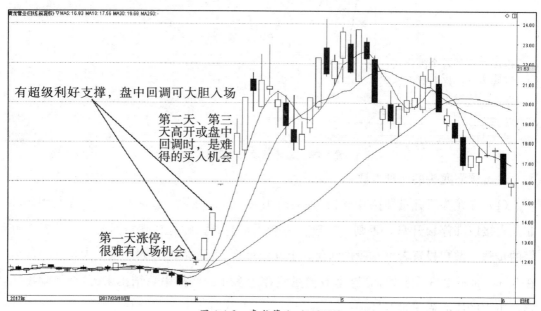

图 4-4-2　青龙管业（002457）

2017 年，A 股市场上最大的炒作题材无疑是雄安概念股。4 月 1 日，新华社发布新闻稿称，日前，中共中央、国务院印发通知，决定设立河北雄安新区。这是以习近平同志为核心的党中央做出的一项重大的历史性战略选择。设立雄安新区，是党中央深入推进京津冀协同发展做出的一项重大决策部署，对于集中疏解北京非首都功能，探索人口经济密集地区优化开发新模式，调整优化京津冀城市布局和空间结构，培育创新驱动发展新引擎，具有重大现实意义和深远历史意义。

据申万宏源证券统计，雄安新区未来两年基建投资规模约为 563 亿元，2020－2030 年，基建投资 1.2 万亿至 1.9 万亿元，这无疑给了市场巨大的想象空间。

消息一出，只要和雄安沾点边的个股立即被强烈刺激。4 月 5 日，为清明节假期之后首个交易日，当日早盘，雄安新区概念股爆发，开盘后快速拉升，冀东水泥、金隅股份、华夏幸福、京汉股份、巨力索具、唐山港、北京城建等几十只个股涨停。此外，河北板块个股几乎全线涨停。截至当日收盘，京津冀三地共有 78 只股票涨停。有意思的是，不仅仅是 A 股市场，港股和美股市场中雄安新区概念股也跟随暴涨。

市场各方对于雄安新区概念股的狂热从卖方研报也可见一斑：自国家层面的消息公布后的 5 天时间内，各家券商已向市场累计推出逾 130 篇研报，从钢铁、建材、房地产、机械、环保等角度，对享受政策利好的相关行业个股进行密集分析推荐。

4 月 5 日，作为雄安概念龙头之一，以涨停开盘的青龙管业曾在上午 10 点之前短暂打开涨停，随后很快封死涨停。客观来说，开板的时间太短，几乎没有太多反应时间来及时入场是正常的，我前面也谈到，尽量等涨势确立后再入场，那是指一般情况，倘若遇到这种超级利好消息，追涨停的动作一定要快，切忌犹豫不决。所以，在交易中，务必记住既要讲原则，又要讲灵活性。

如果说 4 月 5 日没有买入机会，那么，4 月 6 日的早盘低开和 4 月 7 日的冲高回落，最后才封死涨停，其间就是较好的入场机会。

（4）在尾盘拉升时买入。经过前面的连阳走势，已经消耗一定弹药的主力，没有能力开盘即封涨停，便会选择在尾盘最后 15 分钟或 5 分钟强拉涨停，只要技术形态配合，量能有规则地放大，还是可以参与的。

前面提到，主力有强主力和弱主力之分，资金实力相对较弱的主力不敢在盘中拉升，主要是考虑盘中护盘接筹压力较大。特别是一旦遇到大盘下午下跌时上方抛压会特别大，要想把股价维持在目标价位自然要大量资金，盘中过早拉升可能前功尽弃。采用尾盘偷袭方式拉高，甚至拉升持续至收盘，这样可以避免或缩短拉高后股价横盘的时间，这是弱主力经常采取的操盘手法。

观察大盘和领涨龙头股尾盘的走势至关重要，通常来说，只要大盘走势平稳，目标股收盘后至第二天开盘前无利空消息，前一天尾盘拉升的龙头股第二天高开的机会较大，因此判断清楚后，要敢于尾盘出手。

4. 及时高位逃顶

有的投资者，老想把整条鱼吃完才走，实际上这是不可能的。在追击龙头股的过程中，就算前面做对了，如果错过卖股时机，也可能会来回坐电梯，白忙乎一场。当下列情况出现两种以上时，建议及时卖股离场，落袋为安。

（1）大盘连续大跌甚至暴跌，主力继续拉升的动力严重不足。

（2）目标股连续涨停或大涨的势头结束，开始转为密集小阴线。

（3）高位放量不涨，出现十字星（十字线）或一根长阴线。

（4）出现长上影线，换手率达到5％甚至10％以上。

（5）日 KDJ 指标高位死叉，且 J 值跌破 100，或出现顶背离。

（6）日 MACD 指标开始向下勾头或高位死叉。

（7）5 日均线下穿 10 日均线形成死叉。

见图 4-4-3 三垒股份（002621）。

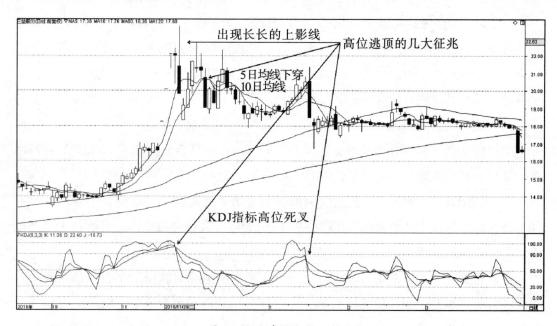

图 4-4-3 三垒股份（002621）

二、追龙头股的注意事项

股市始终有涨有跌，最大的不变就是变化。实力再强的主力，也不可能一直推着一只股涨下去，后市下跌是必然的。所以，在追击龙头股时，还需注意以下几点：

1. 买错就要认赔

再厉害的高手也做不到百分之百准确，连股神巴菲特都曾遗憾地表示，后悔错过了科技股中的很多机会，特别是谷歌和亚马逊公司。事实上，股票投资就是遗憾的艺术，而专业人士和普通投资者的区别，无非前者获胜的概率高。因此，在实战中，一旦判断失误或上行趋势受到严重破坏，那么必须认赔离场，立即无条件卖票走人，就算卖出后继续上涨也没什么可遗憾的。所谓"快、准、狠"，是短线操作的不二法宝，一定要严格执行，千万不要因患得患失，弄到鸡飞蛋打的结局。见图 4-4-4 华丽家族（600503）。

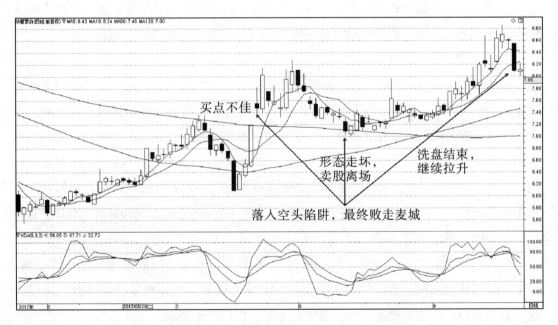

图 4-4-4 华丽家族（600503）

由于石墨电极价格涨逾 4 倍的影响，石墨电极另一大原料的石油焦价格 2017 年 7 月以来连续大涨。生意社监测的国内地炼厂家石油焦价格数据显示，继 7 月 17 日大涨 7.51％后，18 日再涨 2.7％，报 1558.40 元/吨。此外，当时有消息称，麻省理工制造出石墨烯膜，比现有材料透析速度快 10 倍，这份研究成果有望为石墨烯在医疗、物质

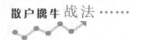

过滤和水净化等领域的应用打下基础。

受益于多重利好因素影响，7月20日石墨烯板块集体上涨，其中华丽家族、珈伟股份（300317）、宝泰隆（601011）等多只概念股涨停。当日早盘，石墨烯概念股开盘后迅速拉升，等我10点左右才注意到涨幅榜时，板块龙头华丽家族已于9：52封死涨停，直至收盘。

第二天，华丽家族大幅高开，但冲高后快速回落，全天围绕均价窄幅波动。尾盘有所回落，全天收涨3.89%，我于9：43，以7.7元的价格买入。7月24日，该股大涨7.5%，我心中窃喜，以为连续拉升即将开始。但好景不长，此后一段时间连续下跌。8月11日，该股尾盘跳水，并无力收回30日均线，且5日、10日均线已经死叉向下，MACD和KDJ两大指标也出现死叉，我便于14：46分以7.09元的价格止损出局。

回过头来看，7月21日的入场时机并不好，而8月11日的跳水是主力刻意设置的空头陷阱，意在洗盘。因为我严格执行趋势走坏，坚决卖股的纪律，此后也再未买回。最后，我在该股上的操作，以亏损8%的结果收场。尽管结局不尽如人意，但操作错误就得心平气和地认赔，而经验就是在一次次这样的失败中不断累积下来的。

2. 不可乱抢熊市中的弱反弹

除非是资金实力超强的主力，否则，大多数主力在炒作龙头股时，都会密切关注大盘走势，甚至外围市场如美国股市隔夜市场的表现。在无绝对把握的情况下，没有几个主力敢逆势强拉涨停，毕竟如果在弱势中硬拉，跟风者稀少，一旦上方抛盘如雨，主力真是只能"吃不了兜着走"。所以说，对龙头股到底何时可以追、追到后持有多长时间、发生何种情况时先离场等诸多问题必须有清醒的认识，不可想当然地盲目操作，熊市中的弱反弹，非短线高手，更是不可乱抢，否则一个不小心就可能深套其中难以自拔。

3. 胆大心细，不怕不贪

常言说得好："人非圣贤，孰能无过。"在股票投资上，判断出错是不可避免的，只要有勇气认错止损，就能保住东山再起的资本。做对了就要敢于持股待涨。即便很难卖到最高点，但也不要被主力提前驱赶下车，白白损失利润。

尽管害怕和贪婪是大部分人普遍存在的心理，但还得努力去克服。根据我的经验，"坚定信心、胆大心细、不怕不贪、理性操作"的十六字方针，散户投资者在追击龙头股时必须时刻牢记在心。当然，所谓知易行难，要能真正做到，肯定得有一个长期的训练过程。

第五节

三期驯"龙"术

　　经过前面的讲解，相信大部分读者对哪些股属于龙头股、如何识别龙头股、如何捕捉龙头股有了了解，本节我们重点来学习高阶知识，即在龙头股的不同涨幅阶段，如何具体操作才更安全，获利更大。

　　我根据自己十多年的经验，将龙头股的生命周期做这样的划分：从首次起涨点算起，涨幅在30％以内的称为幼年期，将涨幅在30％－80％的称为壮年期，将涨幅在80％以上的称为老年期，而不同时期，龙头股的股价表现区别是很大的，因此必须采取不同的操盘策略。见图4-5-1北方华创（002371）。

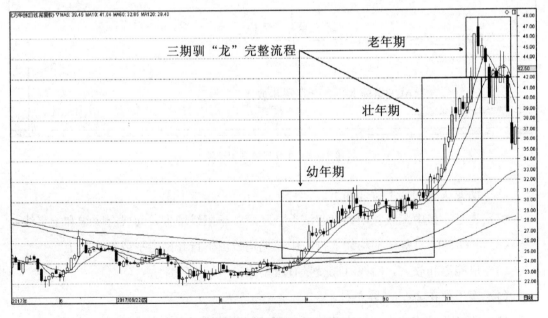

图 4-5-1　北方华创（002371）

一、幼年期

龙头股处于涨幅在 30% 左右的幼年期时，是相对安全的操作区域。这一阶段，如果大盘处于牛市或震荡市，可以 5 成仓位至 8 成仓位参与；如果大盘是熊市，为了控制风险，则最多以 3 成左右的轻仓参与。见图 4-5-2 东方网络（002175）。

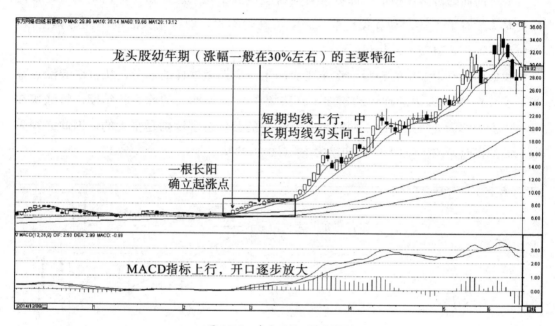

图 4-5-2　东方网络（002175）

幼年期龙头股的技术特征如下：

（1）先是一根中阳或长阳确立起涨点，随后中长阳线增多，间或有阴线和十字线。

（2）5 日、10 日等短期均线上行，中长期均线由下行开始走平或勾头向上。

（3）量能温和放大，阴线时成交量有所萎缩。

（4）换手率在 2%—5% 左右。

（5）KDJ 指标率先在低位出现金叉，股价回落整理时会出现缠绕或死叉。

（6）MACD 指标开始扭头向上或红柱出现，开口放大，也有可能短暂粘连或死叉。

二、壮年期

与处于壮年期的龙最具攻击力一样，当龙头股的涨幅处于 30％－80％ 的壮年期时，涨速惊人，气势如虹，同时也是最为安全的操作区域。这一阶段，如果大盘处于牛市或震荡市，可全仓持股待涨；如果大盘是熊市，则 5 成至 8 成仓位参与。见图 4-5-3 东方网络（002175）。

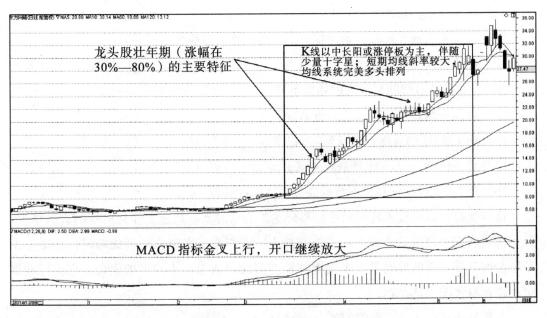

图 4-5-3　东方网络（002175）

壮年期龙头股的技术特征如下：

（1）以中长阳线或涨停板为主，伴随少量阴线或十字线（星）。

（2）5 日、10 日等短期均线斜率较大，且离中长期均线越来越远，30 日、60 日均线向上，120 日、250 日均线由向下开始转向走平或勾头上行，均线系统形成完美多头排列。

（3）锁筹良好的龙头股量能反而缩减，反之，则需要更多资金推升，量能继续放大。

（4）换手率在 10％ 左右。

（5）日 KDJ 指标高位运行，J 值大于 100，可能出现钝化。

（6）日 MACD 指标形成金叉，红柱放大，开口继续放大。

三、老年期

当涨幅处于80％以上的老年期时，已经大赚一笔的主力有随时出货的欲望和动机。这一阶段，如果大盘处于牛市或震荡市，一旦技术形态遭到破坏，散户投资者可逐步减仓；如果大盘是熊市，技术形态遭到破坏后，最好全部抛完，先于主力提前锁定利润。

老年期龙头股的技术特征如下：

（1）长上阴线或大阴线开始出现，上方抛压增大，股价上行遇阻。

（2）短线均线开始向下勾头，5日均线下穿10日均线，30日均线由向上开始走平，120日和250日均线延续之前趋势不变。

（3）量能开始萎缩，或突然放量杀跌。

（4）换手率由10％逐步缩减至5％以下。

（5）日KDJ指标率先出现高位死叉。

（6）日MACD指标拐头下行或高位死叉，绿柱放大。

特别提醒：以上技术特征只是大部分龙头股从起涨，加速上涨到出货的大致情况，并不代表所有个股都完全符合。实战交易中，在判断买卖时机是否成熟时，无须6个特征全部具备，有的股满足3个以上特征亦可做出决策，不能生搬硬套，仓位控制也可根据自身情况灵活调整。

实战举例见图4-5-4通威股份（600438）。

2017年7月28日，经历了长时间调整的农业＋光伏龙头通威股份突然发力，当日放量大涨4.53％，但并未突破前期箱体上方压力，为规避主力可能的欺骗风险，我一直不敢冒进。

之前7月3日，该公司曾发布业绩预告称，经公司财务部门初步测算，预计公司2017年1—6月实现归属于上市公司股东的净利润为7亿元－8亿元，比上年同期（法定披露数据）增长200％－246％。由于公司将控股股东通威集团有限公司下属通威太阳能（合肥）有限公司纳入合并报表，由此对财务数据进行重述，按照重述后的数据计算，预计公司2017年1—6月实现归属于上市公司股东的净利润比上年同期增长40％－60％。公告发布当日，通威股份大涨7％，此后连续震荡了近20个交易日，且底部逐步抬高。

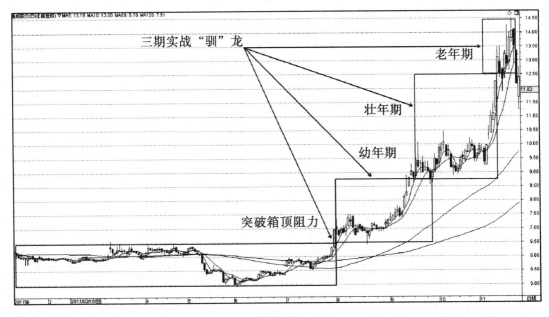

图 4-5-4　通威股份（600438）

7月31日，该股高开高走，全天维持在均价线上方，尾盘更是被拉至涨停，考虑到大盘当时正处于震荡上行通道，暂无重大利空，我于14：30以6.91元全仓买入。

之所以选择在7月31日才入场，主要考虑以下几点：股价已放量突破前期横盘箱顶重要阻力位，MACD指标形成金叉，且两根曲线发散向上，均线已经形成完美多头排列，换手率超过5％，股性明显趋于活跃。

2017年8月、9月中旬到11月初，该股主力两次洗盘，我均不为所动。2017年11月23日，涨幅已超过100％，进入老年期的通威股份开始杀跌，当日低开低走，早盘便触及跌停，并跌破5日和10日均线，主力出货坚决，我便于早盘以12.52元的价格成功卖出。

在操作通威股份时，我等到股价有效突破箱体震荡的箱顶才出手，入场时机稍晚，但这样做却增加成功了的概率，80％的收益率也不算太差。

第五章

收获：擒牛实操（之二）

2007

2010

2013

股市交易涉及的知识太多，包括消息面、资金面、基本面、技术面、情绪面等多个维度。但无论是哪一种方法或工具，本质上都是为了减少损失，扩大赢利，有效实用是关键。因此，在实战交易中，既可以用单一指标作为判断大盘和个股走势的武器，也可以通过多个指标或因素来决定买卖行为。

前面几章，我重点讲解了散户投资者如何认识自己和主力的长处和短处，以及为何老是被套，还有出击龙头股的相关知识。本章，我们重点学习实战擒牛的招数，内容涉及成交量、均线、KDJ、MACD 等绝大多数投资者都会用到的工具，只有把这些常用工具了解透彻，才能灵活运用于实战。

总体来说，不同风格、不同资金规模和不同风险承受能力的投资者，喜欢的操盘技法也各有不同，但最终目的都是避免或减少亏损，实现赢利最大化。有道是：

实战擒牛招式新，成交量据细搜寻。
均线密码参透处，短线牛股手中擒。
藏胸丘壑灵巧事，过眼迷雾见涨停。
战法集锦纵横客，通天之道四海吟。

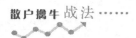

第一节

成交量揭开牛股真实面目

在股市交易中，成交量极其重要。一般情况下，当大盘或某只个股人气高涨，纷纷买进时，成交量自然放大；反之，成交量萎缩。下面，我来重点解析量价变化背后的秘密和实战技法。

一、量价变化隐藏哪些秘密

成交量与股价的走向关系密切，其具体关系主要有两种情况：量价同向和量价背离。那么，二者变化背后隐藏着哪些秘密呢？见图 5-1-1 方大炭素（600516）。

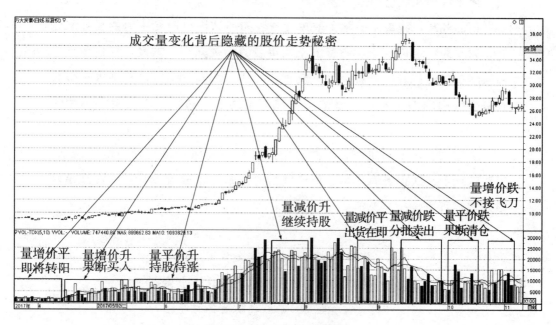

图 5-1-1　方大炭素（600516）

1. 量增价平，即将转阳

当大盘出现积极变化或公司有利好消息出现时，就会出现成交量增加，股价企稳的情况。此时成交量的阳柱开始逐渐多于阴柱，做多动力开始集聚，股价即将转阳，

146

投资者此时需做好入场的准备。

2. 量增价升，果断买入

当成交量持续增加时，股价明确转为上升，表明此时多头实力占优，主力进攻意愿明显，此时可果断买入。

3. 量平价升，持股待涨

当成交量保持稳定水平，股价持续上升，表明此时多头力量仍未减弱，还掌控着局面，此时可持股待涨或加仓。

4. 量减价升，继续持股

当成交量减少，股价仍在继续上升，表明主力锁筹较好，或持股者看好后市普遍惜售，但经过持续上涨，股价涨势可能临近末期。此时可继续持股，直至趋势遭到破坏。

5. 量减价平，出货在即

当成交量开始明显减少，股价经过大涨后开始横盘不涨，表明主力已无心或无力拉升，即将出货在即，投资者应随时做好卖股离场准备。

6. 量减价跌，分批卖出

当成交量继续减少，股价涨势结束，主力开始高位出货时，应分批卖出。

7. 量平价跌，果断清仓

当成交量停止减少，股价继续滑落，表明主力正在大肆出货，此时应果断清仓。

8. 量增价跌，不接飞刀

当股价经过一段时间下跌之后，成交量再度增加，此时多为主力不计成本出逃，此时万万不可抢反弹，以免接到飞刀。

二、成交量七大形态

1. 单日放量

通常，突然单日放量的原因，要么是公司突发利好，大小投资者来不及多想一窝蜂拥进场内抢筹，要么是主力建仓吸筹完毕，决定试盘拉升或正式启动行情，但如果暂时搞不清楚状况，可先行观望。

2. 持续放量

可分为上涨和下跌持续放量。前者多半在主力手里没货，急于压着股价不涨暗中吸筹，而卖出者眼看股价不涨抛股也比较积极。后者则大多出现在股价涨势后期，已

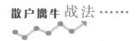

经赚得盆满钵满，开始大肆出货。

3. 缩量

可分为上涨缩量和下跌缩量。前者多半在上升途中出现，大部分人对股价后期走势看法一致，惜售心理明显。后者多半为震仓洗盘阶段，持续时间不会太长，投资者是否介入需根据股价所处位置而定。

4. 堆量

当想吸引更多跟风盘入场，减轻自己后面的拉升压力时，会想尽办法把成交量做得非常漂亮，此时股价也配合完美，以小阳或中阳的形式稳步走高，而且堆量可在股价上涨过程中反复多次出现。出现堆量时，只要股价配合良好，一般可大胆买入。见图 5-1-2 阳光电源（300274）。

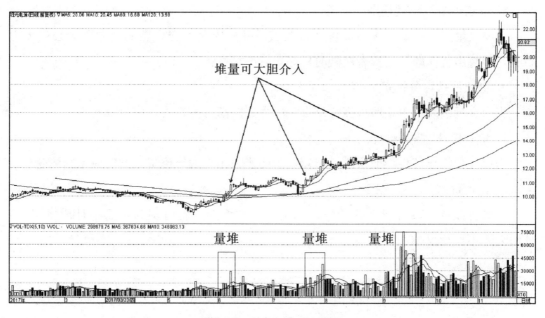

图 5-1-2　阳光电源（300274）

5. 天量

所谓天量，通常指某天股票交易数量和金额是之前较长时间的很多倍，甚至是历史最大量。股市有天量天价的说法，但出现天价，表明多空分歧明显，后市一旦无力再涨，则容易引发大量抛盘，股价快速下跌，因此出现天量时要控制仓位。见图 5-1-3 雅百特（现名 *ST 百特，002323）。

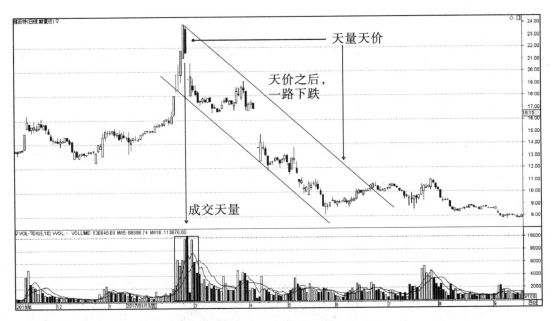

图 5-1-3 雅百特（现名＊ST百特，002323）

此外，天量天价是相对的。

6. 地量

地量基本是在行情极度清淡时出现，具体表现为交投不活跃，股价窄幅波动，没有赚钱效应，短线投机客已经放弃盯盘。不过，地量期恰恰是长线买家进场的大好时机。

7. 不规则放量缩量

出现这种情况，通常是主力实力较弱，控盘较差，无力掌控目标股的涨跌；或是该股暂无主力，主要由中小投资者自发性买卖。遇到此类情况，最好远离。

三、成交量的三大误区

股市有句名言："天量天价，地量地价。"因此，很多投资者认为成交量是不会骗人的，成交量的大小与股价的涨跌成正比关系。事实上，这种观点有其合理性，但也不是绝对的。尤其是主力会利用对敲等办法，制造陷阱诱骗中小投资者。因此，在使用成交量判断行情时，思维一定要灵活，多利用成交量并结合其他指标，效果更好。

1. 过于信奉"天量天价，地量地价"

"天量天价，地量地价"的具体意思是，当成交出现天量，股价必然创出新高，而成交极其稀少时，股价必然在低位。理论上这句话没错，但实际使用时，还得具体情况具体分析，不可生搬硬套。

比如，通常情况下，当成交出现天量，股价应同步创出新高，一旦量能缩减，后市很难出现天价，此时应该卖股离场，以回避风险，但实际情况并不能据此简单判断，毕竟，还得考虑主力是否高度控盘、多空双方是否意愿一致等现实情况。见图 5-1-4 西藏珠峰（600338）。

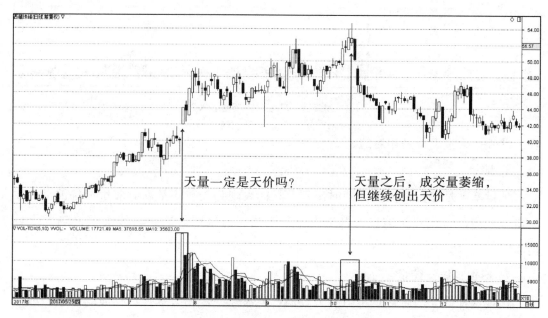

图 5-1-4 西藏珠峰（600338）

2. 股价上升必须量能放大

不少投资者始终认为，股价上涨必须要有量能配合，价涨量增，表示上涨动能充足，预示股价将继续上涨，但如果缩量上涨，马上觉得量价配合不理想，后市上涨空间有限。事实上，这也是一个严重误区。原因在于，在上升过程中，当场内持股者一致看好后市走势时，会产生惜售的心理，场外的买单再多，成交量并不大。此外，如果经常参与短线交易的流通股大部分已被主力提前握在手里，只要主力认为股价远未到达目标位置，暂时不想出货，股价上涨途中还是没有多少成交量。

与此同时，股价下跌不放量也是正常的。在下跌初期，受惜售心理的影响，愿意卖股的人不多，自然成交稀少；在下跌中期，被套肯割肉的毕竟是少数，或者抛股的不少但肯接盘的不多；至于下跌后期放量，主要是主力已经大赚一笔，宁可舍弃一点利润，低价杀跌抛股离场，场外部分喜欢便宜货的交易者眼看价格已经跌去不少，纷纷杀入接走主力最后的一点筹码，成交自然放大。见图 5-1-5 步森股份（002569）。

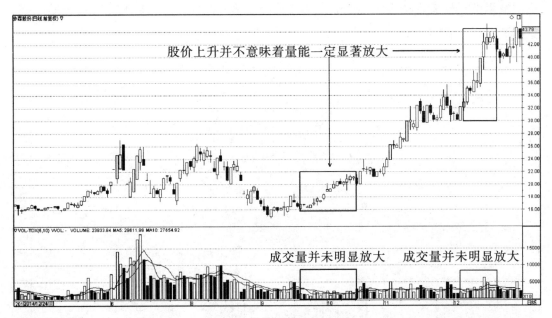

图 5-1-5 步森股份（002569）

3. 平台突破一定放量

通常，股价经过一段时间的横盘整理之后，不管是向上还是向下，总会选择一个方向，不可能一直震荡下去，而向上突破大多会放量。

但要注意，向上突破并不代表股价上破平台整理就一定会放量，这是因为：在较长时间的横盘整理期间，有的主力会耐着性子慢慢吃货，浮筹被清洗得差不多了，已经达到高度控盘的程度，那么在拉升突破上方压力时，因为手里控制了不少流通筹码，故不放量也能达到突破平台的目标。

四、成交量实操五大原则

实战交易中，观察成交量变化，除了要熟练掌握上述要点，还需把握如下几条实操原则。

（1）根据"横有多长，竖有多高"的原理，股价长期横盘后出现的成交量持续放大，可信度最高，股价涨幅一般也较大，如技术形态配合良好，可积极介入。

（2）刚经历过一轮爆炒，调整尚不充分的个股，即便成交量短暂放大，可能也是前期主力手里的存货还未出完，此时只是为了吸引眼球，目的是设置诱多陷阱，引诱不明就里的投资者入场接盘，一般会很快重归跌途。此时，不可轻易入场，谨防亏损。见图 5-1-6 三江购物（601116）。

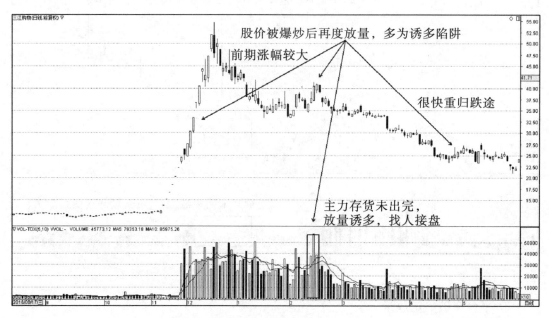

图 5-1-6　三江购物（601116）

（3）经过充分调整后，新一轮起涨点放量涨停的做多信号要高于多根放量中阳线。直接涨停，表明主力有备而来。

（4）高位放量滞涨，表明短期风险聚集，如果技术走坏，持股的投资者先卖出，场外的投资者不能盲目进场。

（5）不同市场个股判断标准不同，牛市或震荡市，小盘股换手率大于5％属于放量，大盘股换手率大于2％即算放量；熊市中，小盘股换手率大于3％属于放量，大盘股换手率大于1％即算放量。

第二节 ◼▷ ●●

参透均线密码稳定擒牛

在股市交易中，有句话叫：大道至简，均线为王。更有甚者，单靠均线即可完成行情判断和买卖交易。由此可见，均线对判断大盘和个股趋势的重要性。那么，均线系统在实战中有何威力？如何利用均线把握买入时机？均线捕捉牛股有何秘诀？下面逐一解析。

一、根据均线判断大盘趋势

（1）当大盘结束熊市，即将转入多头市道时，指数会从下向上依次突破5日、10日、30日、60日均线。短线操作上，可先观望一阵，风险承受能力大的投资者可以谨慎做多；中线操作上，可轻仓入场。

（2）当多头市道趋于稳定时，5日、10日、30日、60日均线向上勾头，形成多头排列。短线和中线操作上，均可大胆重仓做多。

（3）当10日均线由上升移动转向反折下移，而30日均线却仍向右上方移动时，表示下跌只是技术性回调，多头市道仍未结束。短线操作上，可以适当减仓；中线操作上，继续持有。

（4）30日均线跟随10日均线向下勾头，而60日均线仍然向上移动，表示回调幅度较大。短线操作上，可先行减仓或出局；中线操作上，减仓。

（5）60日均线跟随10日、30日均线开始向下勾头，表示多头市道已经结束，新一轮空头市道来临。短线操作上，应空仓应对，尽量不要逆势买股；中线操作上，清仓。

（6）当大盘处于横盘阶段时，5日、10日、30日甚至60日均线会相互纠缠，表明多空双方力量均衡，大盘方向不明。短线操作上，建议保持观望或轻仓参与反弹；中线操作上，继续持有。

（7）当大盘处于盘局时，如5日、10日均线向上突破上升，则后市大多走高；如

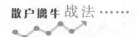

5日、10日均线向下，则后市大多下跌。短线操作上，继续观望；中线操作上，继续持有。

（8）当大盘由多头市道转入空头市道时，指数首先会跌破5日、10日均线，接着依次跌破30日、60日均线。短线操作上，不宜逆势买股；中线操作上，减仓。

（9）当空头市道确立时，中短期均线排列顺序从下向上依次为5日、10日、30日、60日均线，即均线呈空头排列。短线操作上，适合空仓休息；中线操作上，减仓或空仓。

（10）当大盘处于空头市道时，如指数向上突破5日、10日均线并站稳，是股价初步反弹的先兆。短线操作上，可以轻仓做多；中线操作上，适当买股。

（11）当大盘处于空头市道后期时，如指数向上突破5日、10日均线并站上30日均线，10日与30日均线形成黄金交叉。短线操作上，可以逢低重仓抄底；中线操作上，可重仓。

（12）当空头市道即将结束时，指数会先后向上突破5日、10日、30日均线，并突破60日均线，基本表明多头市道重新开始。短线操作上，可以全仓追击；中线操作上，可满仓。

特别说明一点，个股操作与大盘的行情判断大同小异。

二、利用均线把握最佳买入时机

一般来说，当均线第一次粘合向上发散时，激进型投资者可以先行买进，稳健型投资者可以继续观望。而当均线第二次、第三次粘合向上发散时，最佳买入时机来临，稳健型投资者可以积极做多，激进型投资者则可以加码买进。

实战中，均线粘连又分几种，有的只是短期均线粘连，中长期均线离短期均线较远，这种情况涨幅相对小些。如果所有均线都粘连在一起，且在底部粘连的时间越长，说明主力吸筹准备的时间越久，后市的攻击力更强，甚至容易出现连续涨停的情况。比较理想的多头排列，是自上向下依次是5日、10日、30日、60日线、120日、250日均线，即短期均线在上，中长期均线在下。不过，就算多头排列不够标准完美，只要大体上形成，加上有成交量配合，股价也能走出一波大行情。见图5-2-1新力金融（600318）。

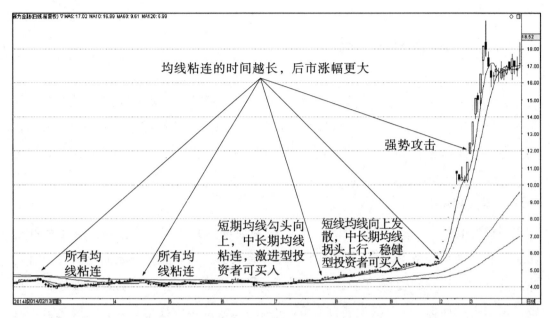

图 5-2-1 新力金融（600318）

当均线首次向上发散时，空方的力量仍未完全被打垮，而多方的力量还不够强大，对股价后市走向的共识还未形成，如果此时空方进行强力打压，或多方暂时未能聚集更多上攻力量，那么反弹行情随时都有可能失败。在这种情况下，稳健型投资者为了保险起见，最好先继续观望，不必太早冒险入场。而激进型投资者即便做多，仓位也不能太重，顶多进行试探性轻仓买入。如果均线再次或多次向上发散时，则表明多方拉升已经获得市场认同，人气也逐渐高涨；多方主力再度攻击，很容易吸引跟风盘配合，股价继续上涨的惯性要比首次向上发散时大得多。此时，稳健型投资者可主动出击，而激进型投资者也可以大胆加仓。

说到这里，好奇的投资者肯定要问：为何均线首次向上发散，激进型投资者和稳健型投资者所采取的投资策略有如此大的不同呢？其实不难理解，因为激进型投资者的风险承受能力较强，也喜欢在高风险的情况下追求高收益，在均线首次向上发散时入场，如果判断准确，收益自然要比稳健型投资者大很多。不过，值得注意的是，如果一旦主力故意诱多，那么先行进场就可能遭遇很大风险。而趋势形成之后再进场的稳健型投资者，虽然会少赚一点，但准确性更高，心理压力要小很多。

三、5日均线短线擒牛术

因为诸多主客观原因，目前A股市场上，绝大多数散户都宁愿选择短线投机，而不是进行长期价值投资。在超短线交易中，利用5日均线博反弹甚至擒获牛股较为实用，但需要强调的是，超短线操作时，股价变化较快，因此需要多个指标配合，以便互相验证。具体实操技法如下：

1. 看调整时间

当目标股持续下跌或横盘调整了较长一段时间（具体多长时间与大盘走势和有无突发利好消息等密切相关），风险得到充分释放后，某日股价开始向上突破5日均线，并且10日均线开始走平或拐头上行时，短线投机高手可以密切跟踪做好出击准备。但出击的前提，最好是股价连续2—3天小阳线或中阳线站在5日均线之上，或放量突破所有均线，并且大盘保持稳定或向上为宜。有了这些条件，成功率会提高很多。而当股价经过连续上涨，偏离5日均线过远时，可以考虑先行卖出，及时了结利润，绝不恋战，耐心等待下一次出击机会。因为偏离幅度过大，一旦上攻无力，获利盘可能随时涌出，造成股价回落。如果不及时出逃，极有可能前功尽弃，白忙活一场。

实战案例见图5-2-2柘中股份（002346）。

2016年11月10日，经过4个月横盘震荡的柘中股份高开高走，午后开盘，主力一路狂拉，不仅稳稳站上5日均线，更是放量突破所有均线压制。此前一段时间，几乎所有均线都纠缠在一起，等待方向性选择，而11月10日的放量上攻，5日均线被轻松拿下，加上KDJ发散向上，我于当日午后开盘不久，便以18.65元的价格杀入。

第二天，该股继续高开高走，第三天也是如此。第三天洗盘，但5日均线未遭破坏，继续持有。11月23日，该股振幅加大，上方抛压明显增加，但收盘依然站上5日均线，我不为所动。

11月24日，该股大幅低开，快速跌破5日均线，显示主力出货态度坚决，我以27元的价格成功卖股离场。当天，该股最终跌停，随后连续几天大跌。我共持有9天，收获3个涨停，总体涨幅高达45%。

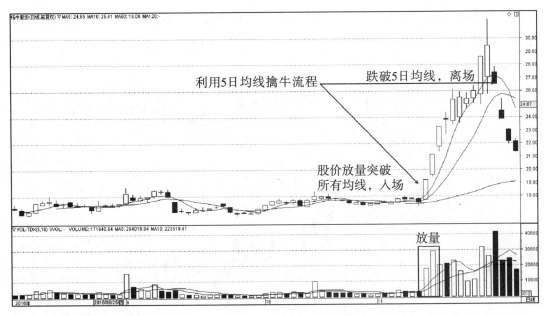

图 5-2-2 柘中股份（002346）

2. 看支撑力度

超短线实操时，当目标股的股价从高位回落，但在 5 日均线处重新反弹向上时，可以考虑再次介入。这是因为，股价在 5 日均线处获得强力支撑，主力后面可能继续拉升，暂时回落只是为了获得空中加油的动力。不过，5 日均线也是主力洗盘的重要目标，很容易被轻易跌破。当然，也不排除下破 5 日均线后，在 10 日均线处获得支撑，至于跌破 5 日均线支撑是否马上卖股，就要看个人的风险承受力了。

3. 看反抽力度

当目标股的股价跌破 5 日均线，并且在反抽时始终无法重新站上 5 日均线时，持股的投资者做好随时卖出的准备，准备入场的投资者放弃买股。这是因为股价下破 5 日均线无法收回的话，意味着主力要么暂时不想拉升，将进入洗盘阶段，要么资金链断裂，短期涨势结束。

4. 看是否有效跌破

当目标股的股价跌破 5 日均线之后，会继续向 10 日均线靠拢。如果跌到 10 日均线止跌，股价再次回升并重新突破 5 日均线，可以根据情况重新捡回筹码。这是因为，在 10 日均线处止跌表明主力在故意洗盘，后市还有弹升空间。如果股价连续多天跌破 5 日均线且无法收回时，基本确定为有效跌破，下跌趋势形成，之前作为支撑线的 5 日

均线一旦有效跌破，变成压力线，短线操作上应坚决卖出，或止损离场，决不能恋战，除非后市能放量重新站上这条重要均线。见图 5-2-3 楚天科技（300358）。

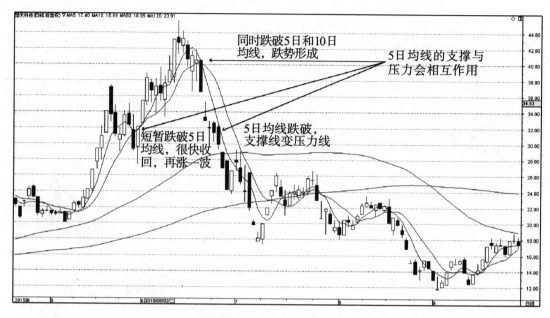

图 5-2-3　楚天科技（300358）

四、30 日均线中线擒牛术

实战中，30 日均线被称为操盘生命线，又是界定短期和中期走势的重要均线。无论上升趋势还是下跌趋势一旦形成均很难改变，在一个中期波段性上涨趋势中，生命线有明显的支撑和阻力作用。如果生命线上涨角度陡峭有力，说明价格中期上涨趋势强烈，主力洗盘或调整至此可结合其他指标进行狙击。同理，当股价进入下跌趋势时，生命线对反弹有强力压制作用。

实战中，当股价突破 30 日均线，30 日均线拐头向上处于攻击状态时，预示着中线大波段行情已经启动，此时可中线积极做多。在主力洗盘过程中，如果股价在 30 日均线处触底回升或盘中短暂击破很快收回，仍可参与。如果 30 日均线被有效跌破，明确拐头向下时，则意味着大级别的调整或下跌行情已经展开，此时应立刻退出。具体操作如下：

1. 买入点和补仓点

通常，股价在 30 日均线之上运行的股票属于强势股，在 30 日均线之下运行的股票是弱势股。强势股和强势股是相互转换的，并不是一成不变的。在买入点的判断上，当股价依次向上突破 5 日、10 日、30 日 3 条均线时，为最佳买入时机。在回调洗盘时，如果股价在 30 日均线处受到强力支撑并返身向上，则可再次买入或补仓入场。此外，在一段时间的横盘整理中，如 5 日、10 日、30 日均线由粘合状发散上行时，也是较好的买入时机。

与持续时间相对较短的短线牛股不同，中线牛股的起飞一般都是从向上突破 30 日均线开始的，震仓回落也会在 30 日均线处获得护盘。因为向上突破 30 日均线时，上方累积了较多的获利盘和套牢盘，抛压较大，因此需要主力发力，成交量的配合。此时，中线趋势指标 MACD 也会金叉向上。见图 5-2-4 永安林业（000663）。

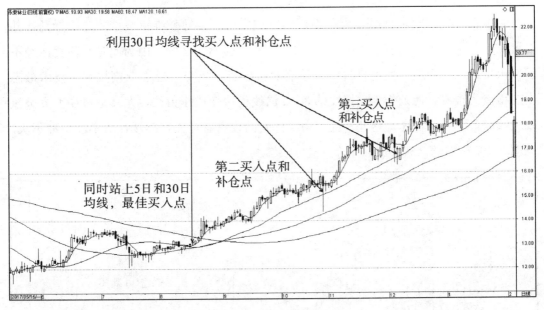

图 5-2-4　永安林业（000663）

自 2017 年 5 月 16 日创出年内低点后，永安林业走出了一波两个月的小涨行情。8 月 8 日，主力试探性放量拉升，股价短暂突破 30 日均线，此时虽然也可买入，但还需面对几个交易日的回调压力。最佳买入点 8 月 22 日，当日午后，主力放量拉升，全天收盘 2.33%，5 日、10 日、30 日、60 日均线已经形成多头排列，且 5 日、10 日均线向上的开口变大，结合用于中期行情研判的 MACD 指标看，红柱变长，显示股价上涨将加速。

随后，永安林业一路走高。10 月 30 日早盘，主力强力洗盘，盘中短暂跌至 14.36 元，瞬间跌破 30 日均线，但马上收回，当日是第二买入点和补仓点。12 月 5 日、6

日、7 日也曾盘中跌破生命线，但都在尾盘收回，显示主力控盘较好，这几日为第三买入点和补仓点。

从 8 月 22 日收盘 13.63 元，至 12 月 22 日收盘价 17.58 元，5 个月时间，该股上涨 29％，而同期深证成指仅上涨 4％，永安林业的涨幅是同期深市大盘的 8 倍。

2. 卖出点

当股价依次向下突破 5 日、10 日、30 日 3 条均线时，前面两根为短线卖出时机，30 日均线为中线卖出时机，切不可恋战。

本书一直强调有效跌破，其真正的含义是，不是盘中跌破或一天跌破 30 日均线，就马上卖股，此时需要结合其他技术指标（如 MACD）以及股价所处的位置来具体判断，到底是主力在洗盘，还是涨势结束，跌势形成，然后再做出买卖决策。

主力在高位刚刚出货时，为了不打草惊蛇，一般会勉强维持股价使之不暴跌，甚至可能创新高，可一旦有效跌破 30 日均线，主力就不会客气，因为此时其存货已经不多，出货进入中后期，主力将选择大手笔砸盘出货，成交量也会急剧放大，技术形态会变得极为难看，此前作为支撑线的 30 日均线很快变成压力线，尤其是再往上突破该线失败时，下跌会加速。遇此情况，中线持股的投资者可先行离场，决不能犹豫不决。见图 5-2-5 三维丝（300056）。

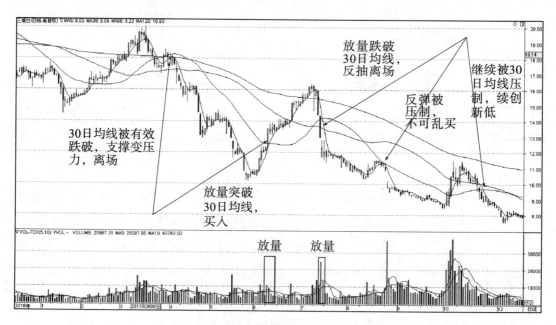

图 5-2-5　三维丝（300056）

2017年3月22日，三维丝在相对高位盘中跌破30日均线未能收回，此时是一个不错的卖点。如当天未卖出，此后几天，该股反弹，但未能突破30日均线的强大压力。4月5日，该股虽然小涨，盘中也触碰到30日均线，但收盘未能站稳，此时是最后的逃命机会。

前面提到，一旦此前作为支撑线的30日均线变成压力线，尤其是再往上突破该线失败时，下跌会加速。果不其然，4月6日，该股收出中阴线，宣告一轮迅猛跌势来临。此轮跌势一直到5月25日才结束。

6月9日，该股放量突破30日均线，5日、10日均线向上，但60日均线、半年线和年线继续下行，表明有一波短线反弹行情。7月12日，该股股价再次跌破30日均线，下跌再度加速。

8月22日、23日、24日，三维丝的股价连续3天试图突破30日均线，但均未成功，生命线的强大压制作用明显。此时，绝对不能盲目买入。此后，该股虽有小幅反弹，但依然无功而返。截至12月25日，该股放量跌停，收盘价为6.97元，较3月22日的收盘价17.58元，9个月跌去60%，跌幅可谓深重！

而从该股长达9个月的走势来看，30日均线作为支撑线和压力线的作用、转换体现得淋漓尽致。

五、60日均线中长线擒牛术

60日均线是大盘和个股60天的平均收盘价格，其意义在于它反映了大盘和某只股票60天的平均成本，这条均线多用于判断大盘和个股的中长期趋势。实战中，60日均线经常被股民称为决策线，一旦向上突破和向下跌破该均线，预示着一波级别不小的牛市或熊市到来。

1. 买入点

短线和中线选股交易时，需要观察的指标很多，比如成交量、KDJ和MACD指标，而依据60日均线进行长线投资买卖时，前述指标作用不大，因此基本不用看，如此一来，做长线决策时反而变得更加简单。当然，此处仅侧重讲解从技术角度寻找买入点，如果要想更放心，最好是综合评估一下目标股的业绩指标，则效果更佳。

一般情况下，当短期和中期均线由下方放量向上突破60日均线，且60日均线走平，股价站稳60日均线时，风格偏激进的长线投资者可买入。而当60日均线开始向上勾头时，预示着该股至少有半年以上的牛市行情，此时稳健型投资者亦可放心买入。与中短线均线不同，60日均线洗盘震仓的情况不多，因此不存在补仓的情况。

理论上，60日均线的支撑和压制作用，比中短期均线更大。值得注意的是，依据60日均线，不适合短线操作。见图5-2-6*ST慧业（000816）。

2015年1月22日，经过一轮上涨回调整固之后，*ST慧业高开高走，全天收涨6.22％，成交量温和放大，显示主力有备而来，且信心十足。当天，该股不但站稳60日均线，还将所有均线踩在脚下，均线系统形成多头排列，其中长期均线继续保持上行趋势。此时，激进型短线投机者可大胆入场，而稳健型中长线投资者可先观望。

随后几天，该股冲高后走出一波小幅调整走势，并相继跌破多条中短期均线，但跌幅均不大，且量能缩减，洗盘迹象明显。

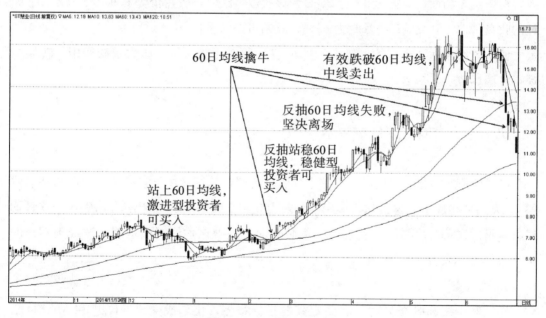

图 5-2-6　*ST慧业（000816）

2月12日，该股在三连阳之后走出第四根中阳线，并重新站稳所有均线，预示着主升浪即将开始。此时，稳健型中长线投资者可放心买入。

此后，*ST慧业稳步走高，中途几无大幅度回调。2015年4月中旬和5月初，曾短暂跌破20日均线，但很快收回，继续上攻，主力控盘良好。

5 月 28 日，该股尾盘跌停，MACD 指标高位死叉，短线投机者可卖股离场，中长线投资者则可继续观望。

5 月 29 日，*ST 慧业在 30 日均线处获得支撑，此后几天股价继续上行，并于 6 月 8 日创出阶段新高，但从 MACD 指标来看，明显出现顶背离，必须随时做好卖股准备。

6 月 18 日，该股午后跳水，全天大跌 6.7%，跌破多条中短期均线，表明主力出货。当天，是中长短线投资者最好的逃命机会。6 月 19 日，*ST 慧业更是低开低走，午后直接砸在跌停板上，一举跌破 60 日均线，形成中长线第一卖点。

6 月 24 日、25 日，该股反抽，但始终未能站上 60 日均线，表示该均线已由支撑线变为压力线，形成第二个中长线卖点。此时如果不及时离场，后期跌势加快后，后悔都来不及了！

从 2015 年 1 月 22 日收盘价 7 元算起，至 2015 年 6 月 19 日收盘 12.91 元，半年时间，*ST 慧业共 5 个涨停，整体涨幅高达 84%。由此可见，如果短线技术不够精到，或没时间盯盘，将 60 日均线作为决策依据，进行中长线投资的收益还是相当不错的，而且买卖的决策时间相对较长，很少会像短线操作那样匆忙下单容易出错。

2. 卖出点

一般情况下，当短期和中期均线由上方放量向下突破 60 日均线时，预示着该股牛市结束，新一轮熊市即将开始。此时，前面已经斩获一轮涨幅的主力经过一段持续出货，等跌破 60 日均线时，手里的获利筹码基本卖掉了，一旦遇到大盘大跌或公司有利空消息，股价就会像自由落体一样快速滑落，正因如此，有效跌破这条均线时，不可入场，而应等待下一轮起涨入场机会或换股操作。

另外，在跌破 60 日均线之后，股价或有可能反弹，但如果不能有效再次突破 60 日均线，亦不可轻易买入。此处的有效与否的判断，一般需观察 3 天左右才能知晓。

需要特别提醒的是，在利用 60 日均线寻找长线卖点时，KDJ 等短线指标因太过敏感，不宜使用。但可适当将反映中期趋势的 MACD 指标作为卖点参考，即在下行的大趋势下，每当该指标出现死叉时，就是卖点。见图 5-2-7 神州信息（000555）。

2016 年 8 月 22 日，神州信息跌破 60 日均线，此时是一个绝佳卖出点。如果当日不想卖出，还想观察观察，后面还有卖股机会。9 月 2 日，该股反抽向上，遇阻回落，收盘价位于所有长期均线的下方，当日也是一个较好的卖出点。此时，不管有任何理由，长线都要卖股离场，短期更是不能盲目买入。

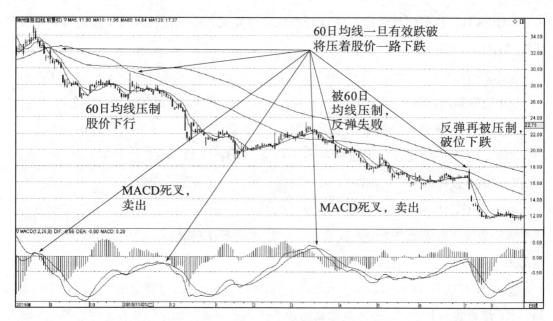

图 5-2-7　神州信息（000555）

此后，该股下跌加速。11 月 4 日，神州信息早盘高开高走，主力估计还有一点存货，欲拉升冲击 60 日均线，设置多头陷阱，但上方抛压太大，全天成交额达到 5.47 亿元，创出一段时间的阶段新高，但冲击 60 日均线未果，随后出现新一轮加速下跌。

2017 年 2 月底到 3 月底，该股股价曾短暂站上 60 日均线，但该均线下行趋势并未改变，显示长期下跌趋势仍未反转。因此，中线操作上不宜入场，而中途短期站上 60 日均线时，只能轻仓搏反弹，且仓位不宜太重。

从 2016 年 8 月 22 日的收盘价 31.72 元算起，至 2017 年 12 月 25 日的收盘价 11.84 元（该股中途停牌几个月），一年多时间，共跌去 62%，在同期大盘小幅上涨的情况下，如此跌幅算得上比较惨重。如能根据 60 日均线做出正确决策，持有该股的投资者是完全可以避开这种损失的。

巧用 KDJ 捕捉短线牛股

在本书第一章第一节，我曾经说过，炒股确实有必要学习一些技术指标，但指标太多，完全没必要全部去了解掌握，选好用好你认为最适合自己、最为有效的几个指标即可。其中，最常用的短线实战技术指标为 KDJ，该指标又叫随机指标，下面进行详细解读。

一、KDJ 的使用原理

KDJ 指标有 3 条曲线，K 线、D 线和 J 线。在实战应用时，主要从 5 个方面进行考虑：KD 取值的绝对数字，KD 曲线的形态，KD 指标的交叉，KD 指标的背离，J 指标的取值大小。

其中，K 为快速指标，D 为慢速指标，当 K 线向上突破 D 线时，表示为上升趋势，发出买进信号；当 K 线向下突破 D 线时，则为卖出信号；K 与 D 值介于 0 到 100 之间，当 KD 值升到 80 以上时为超买，表明股价趋高，风险聚集，随时有下跌的可能；当跌到 20 以下时为超卖，表示股价偏低，风险基本释放完毕，将迎来上涨的机会。换句话说，20 以下的区间为超卖区；80 以上为超买区，20－80 之间为平衡区。见图 5-3-1 冀东装备（000856）。

KDJ 是以最高价、最低价及收盘价为基本数据计算出来的，得出的 K 值、D 值和 J 值分别在指标的坐标上形成一个点，连接无数个这样的点位，就形成一个完整的、能反映价格波动趋势的 KDJ 指标，它反映价格走势的强弱和超买超卖现象，在价格尚未上升或下降之前发出买卖信号。它在设计过程中主要是研究最高价、最低价和收盘价之间的关系，同时也融合了动量观念、强弱指标和移动平均线的一些优点，因此，通过它能够比较快捷、直观地研判行情。

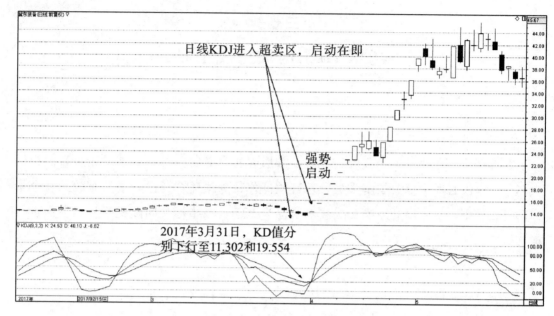

图 5-3-1　冀东装备（000856）

在实战中，K 线与 D 线配合 J 线组成 KDJ 指标来使用。KDJ 指标随着股价的波动，可能在低位和高位出现多次金叉和死叉的情况，出现的次数越多，信号越强。

二、KDJ 钝化时的操作

KDJ 指标的最大优点是对短期操作给出非常明显的入场和离场信号。但 KDJ 指标的缺点同样也比较明显，就是容易产生低位钝化和高位钝化，从而导致投资者要么入场太早被套，要么离场太早损失利润。

那么，当 KDJ 指标钝化时，又该如何操作呢？

（1）如果在日 K 线图上看到 KDJ 出现低位金叉，但无法确定是不是入场信号时，可把它替换到周 K 线图上去观察，如果在周 K 线图上也是低位金叉，那么说明这一买入信号得到验证，此时做多正确的概率极高。倘若周 K 线图上看到的却是死叉，则日 K 线图上的低位金叉有可能是主力诱多，此时千万不要盲目做多。

（2）KDJ 指标比较敏感，有时经常太早给出信号。实战操作时，可以通过观察 KDJ 指标的形态来确认入场和离场时机。比如，当股价遭遇连续下跌，日线 KDJ 指标在低位形成双底，或者 W 底、多重底时再积极做多，则胜算较大。相反，经过连续拔高之后，如日 KDJ 线在高位形成双头、M 头或者头肩顶时，及时离场是上策。

（3）当大盘或个股股价进入单边市时，无论是上涨还是下跌，KDJ 指标会反复多次发出信号。但是，此时这种信号极具欺骗性。为防止此种情况出现，可以在 K 线图上自行添加一条下降趋势线或上升趋势线，只要大盘或个股股价没有有效突破该线，就不要过分相信 KDJ 指标所发出的信号。

三、KDJ 的背离及其意义

KDJ 指标背离分为底背离和顶背离。顶背离为，股价持续上涨甚至连创新高时，KDJ 指标没有创出新高，反而出现了一波比一波低的走势，预示着股价虽然还在上涨，但上涨的动能已逐步衰竭，此时应随时准备卖出；而底背离则为，股价持续下跌甚至连创新低时，KDJ 指标没有创出新低，反而出现了一波比一波高的上行走势，预示着股价虽然还在下跌，但下跌的动能已逐渐衰竭，此时应随时准备买进。

简而言之，KDJ 指标背离，是一种转势的信号，意味着涨势或跌势即将结束。利用 KDJ 指标与股价背离走势来判断股价的顶和底时，下列 4 种情况值得注意：

（1）股价创新高，而 J 值没有创新高，为顶背离，此时应分批减仓或清仓。

（2）股价创新低，而 J 值没有创新低，为底背离，此时应分批建仓或买入。

（3）股价没有创新高，而 J 值创新高，为顶背离，此时应分批减仓或清仓。

（4）股价没有创新低，而 J 值创新低，为底背离，此时应分批建仓或买入。

下面举例说明，见图 5-3-2 晨光生物（300138）。

2016 年 9 月 30 日，晨光生物的 KDJ 指标形成低位金叉，但因股价仍被 5 日、10 日均线压制，此时可先行观望，暂不入场。10 月 10 日，该股收出放量中阳线，KDJ 指标金叉的态势更为明显，KD 值在 50 以内，但 J 值变成 66.07，显示该股短线走强格局基本确定，但因股价仍未突破 30 日、60 日均线，稳健型投资者继续观望，激进型投资者可分批建仓。10 月 11 日，该股股价站上所有均线，KDJ 指标 3 条线进入强势区，J 值达到了 97.293，当天是一个较佳的买点。

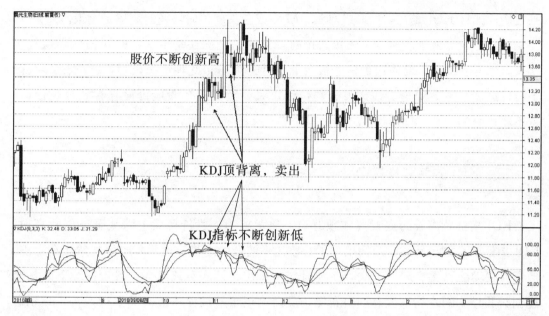

图 5-3-2 晨光生物（300138）

但值得注意的是，10 月 31 日、11 月 7 日、11 月 14 日，晨光生物盘中不断创出阶段性新高，但 KDJ 指标却不断走低，其中最为敏感的 J 值更是连创新低，出现典型的顶背离，此时宜分批卖出或清仓。

其实，从 MACD 指标也可以得到佐证。2016 年 10 月 11 日，该指标出现金叉，为较好的入场时机，而 11 月 16 日，该指标出现死叉，此时必须卖股离场。只不过，因为 MACD 指标相对滞后，故发出买卖信号的时间要晚一两天，但在利用 KDJ 指标的背离走势判断顶和底时，结合 MACD 指标一起使用，准确性更高。

四、KDJ 的周期使用原则

1. 日线、周线

运用 KDJ 指标操作短线个股时，一般用日线和周线 KDJ。分钟线太敏感，月线太滞后，不宜使用。

其中，在运作 50 日以内的短线股时，运用日线 KDJ 指标，重点观察是否形成金叉或死叉，并配合 K 值、D 值、J 值的数值情况；在运作 50 日以上的中短线股时，会运用周线 KDJ 指标，重点观察 K 值、D 值、J 值的数值情况和方向。当然，为了提高准确性，二者结合使用的情况也比较多。

2. 均线第一

由于不少技术派投资者对均线的重视度较高，因此，在中短线操作时，首要考虑股价是否突破中短线均线压制，KDJ 就算出现金叉，考虑到短短一两天洗盘也会形成死叉，故也不能立马买进，必须结合均线情况以及股价所处的位置综合考虑。

3. KDJ 指标的有效周期

通常情况下，日线 KDJ 属于超短期敏感指标，有效观察周期为 10 天以内；周线 KDJ 是短期指标，有效观察周期为 10 天至 3 个月；月线 KDJ 是长期指标，有效观察周期为 3—6 个月。

五、日、周、月线结合运用

（1）当日线、周线、月线 KDJ 均低位金叉时，通常情况下，若目标股日线 KDJ 指标的 D 值小于 20，KDJ 形成低位金叉，而此时周线 KDJ 的 J 值在 20 以下向上金叉 KD 值，或在强势区向上运动；同时月线 KDJ 也在低位运行，方向朝上，此时可以果断进场，一般该股会有一波强劲上涨行情。

（2）当日线 KDJ 金叉，但周线、月线 KDJ 处于高位时，若目标股日线 KDJ 指标在高位金叉，而周线 J 值在 90 以上，月线 J 值在 80 以上运行，则表明该股涨幅将尽，随时可能掉头向下，出现深幅调整，此时最好的策略是先行卖出或持币观望。

（3）当日线 KDJ 金叉，周线 KDJ 向上，月线 KDJ 向下时，若目标股日线 KDJ 指标形成金叉，周线 KDJ 的运行方向朝上，但月线 KDJ 的运行方向朝下，则可能是反弹行情。如要参与，务必严格控制仓位。

（4）当 KDJ 日线金叉，月线 KDJ 向上，周线 KDJ 向下时，很有可能是主力故意设局打压洗盘，引诱散户交出手中筹码。一旦周线 KDJ 方向扭头上行，后市会有更大升幅。

（5）当日线、周线、月线 KDJ 全部处于高位时，若目标股日线 KDJ 的 J 值大于 100，周线 KDJ 的 J 值大于 90，月线 KDJ 的 J 值大于 80，则表明 KDJ 指标已经超买，股价随时可能回调。获利较大的投资者，应随时准备抛股离场，锁定利润，回避风险。

（6）当日线 KDJ 处于高位，周线和月线 KDJ 处于低位时，若目标股日线 KDJ 的 J 值在 100 以上，而周线和月线运行在低位，方向朝上，则最好等待股价回调后，并且日线 KDJ 重新形成金叉再入场。

六、日线 KDJ 短线实战举例

所有用于股市行情研判和交易的技术指标中，KDJ 属于实战性特别强的基本指标之一，一些短线高手，甚至不用其他指标，仅用 30 分钟和 60 分钟 KDJ 来决定买卖。

我比较喜欢使用日线 KDJ 指标，同时结合均线使用，效果更好。下面的方法，仅供投资者参考。

（1）当 K 线从低位上穿 D 线时，通常可择机建仓买入。相反，当 K 线从高位下穿 D 线时，则可择机高抛卖出。但最好结合均线使用，准确性更高。

（2）KD 指标的运行区间为 0～100，50 可被视为中轴线。如果大盘或个股处于牛市，50 是回调的重要支持线；如果大盘或个股处于熊市，50 则变成了反弹的重要压力线。

（3）J 值的取值范围一般为 0～100，但极限时可以超过 100 或小于 0。实战中，当 J 值大于 100 时，可先行卖出。而当 J 值小于 0 时，可大胆入场建仓。不过，考虑到 KDJ 指标有钝化的情况，实操时也需保持灵活，不可生搬硬套。

实战举例。见图 5-3-3 丽珠集团（000513）。

2017 年 9 月 13 日，经过连续几天的小跌，丽珠集团在半年线上方企稳，半年线的强支撑效果显现。此时，KDJ 指标形成低位金叉，K 值为 20.154，D 值为 18.333，J 值为 23.797，且 K 线由下上穿 D 线，显示第一买点出现。不过，考虑到股价还被几条均线压制，买入信号还难以确定，可以继续观察等待。2017 年 9 月 21 日，K 值达到 70.936，D 值达到 56.257，J 值为 100.295，根据前面谈到的均线第一原则，此时股价已经站稳所有中短期均线，起涨在即，为绝佳的第二买点。如果此时果断买入，可斩获一波不错的收益。

2017 年 11 月 7 日，丽珠集团股价创出 77.77 元的新高。KDJ 指标进入超买区，其中，K 值为 83.335，D 值为 81.228，J 值为 87.551，KDJ 有勾头向下的迹象，加上当天收出长长的上影线，此时应该注意股价随时可能下跌。

果不其然，第二天，股价上攻无果，KDJ 高位死叉，已经发出卖出信号。如果还想继续观察，第三天收出高位十字线，且跌破 5 日均线，那就应该坚决卖股离场再说。如果以第二买点当日均价 49.75 元左右买入，以 11 月 9 日收盘价 71.82 元卖出，本轮收益可达 44％。

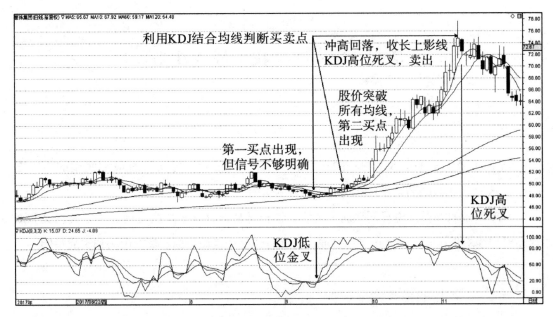

图 5-3-3 丽珠集团（000513）

前面说过，KDJ 指标较为敏感，因此，在进行短线操作时，一方面要对指标形态和取值做到心中有数，另一方面，尽量配合其他指标相互印证，才能有效提高胜率。

活用 MACD 寻找中线大牛股

与 KDJ 指标一样，MACD 指标也是研判证券行情和个股交易时最常使用的指标之一，一般结合 KDJ 指标用于短线选股或单独用于中线选股。

MACD 又称指数平滑异同移动平均线，该指标从双移动平均线发展而来，其意义和双移动平均线基本相同，但使用更为方便。下面具体来谈谈该指标的基本用法和实战举例。

一、MACD 的基本运用法则

MACD 指标没有 KDJ 指标敏感，但准确性更高，其基本运用法则如下：

（1）通常，DIF 和 DEA 均为正值时，明显属多头市场，DIF 向上突破 DEA 是买入信号，DIF 如向下跌破 DEA，暂时当作技术回档，可以持股观望。

（2）DIF 和 DEA 均为负值时，明显属空头市场，DIF 向下突破 DEA 是卖出信号，DIF 如向上突破，暂时当作技术性反弹，务必随时做好离场准备。

（3）通常，柱状线的持续收缩表明趋势运行的强度正在逐渐减弱，当柱状线颜色发生改变时，趋势确定转折。例如，当红柱柱体不断缩减时，表明涨势已尽。反之，当绿柱柱体不断缩减时，则表明跌势即将结束。见图 5-4-1 海螺水泥（600585）。

（4）当 MACD 指标的 DIF 线与 MACD 线形成高位看跌形态，如头肩顶、双头等，应保持警惕；而当 MACD 指标 DIF 线与 MACD 线形成低位看涨形态时，应考虑买入。在判断形态时以 DIF 线为主，MACD 线为辅。当价格持续升高，而 MACD 指标走出一波比一波低的走势时，并出现高位十字线，顶背离出现，预示着价格将可能在不久之后出现掉头下行，此时逃命要紧。见图 5-4-2 古井贡酒（000596）。

相反，当价格持续降低，而 MACD 指标却走出一波高于一波的走势时，意味着底背离现象的出现，预示着价格将很快结束下跌，转头上涨。此时，是较好的买入机会。见图 5-4-3 中国医药（600056）。

（5）当价格并不是自上而下或者自下而上运行，而是保持水平方向的移动时，为牛皮市，此时虚假信号将在 MACD 指标中产生，指标 DIF 线与 MACD 线的交叉将会十分频繁，同时柱状线的收放也将频频出现，颜色也会常常由绿转红或者由红转绿，此时 MACD 指标处于失真状态，使用价值将相应降低，不宜单独使用 MACD 指标，否则容易判断失误。见图 5-4-4 三晖电气（002857）。

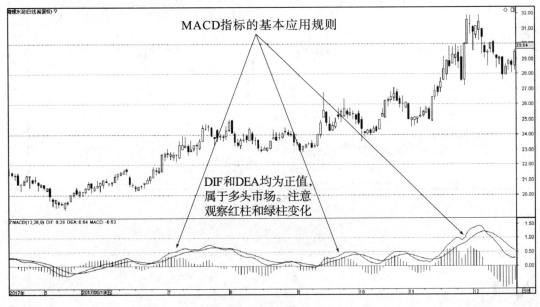

图 5-4-1　海螺水泥（600585）

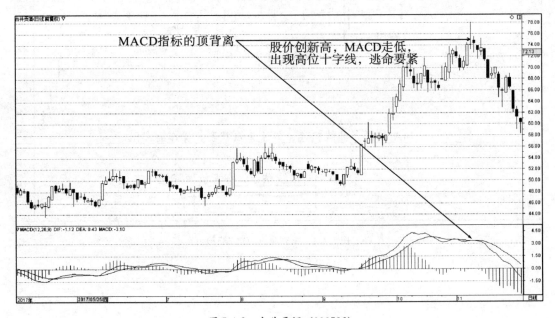

图 5-4-2　古井贡酒（000596）

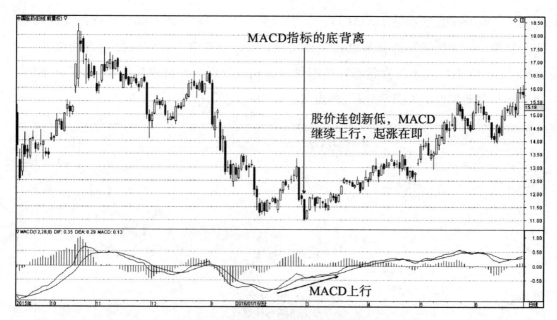

图 5-4-3　中国医药（600056）

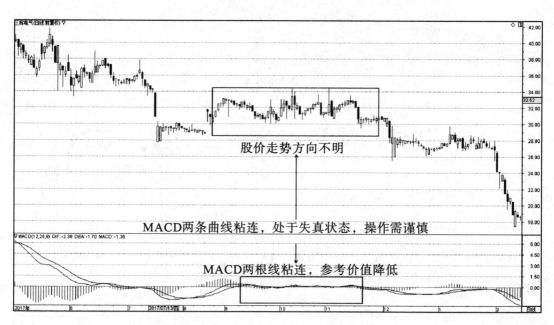

图 5-4-4　三晖电气（002857）

二、MACD的实战应用

前面谈到，MACD指标的反应不如KDJ指标那么快，但稳定性较好，因此，一些高手喜欢通过MACD指标来提前预测大盘和个股的顶和底，判断入场和离场的时间。对散户投资者来说，对MACD的作用应有如下认识。

（1）MACD日线指标能够判断大盘或个股1天、1周甚至1月的可能走势。周线能够判断3个月到6个月的走势，月线能够判断6个月以上的走势。

（2）因MACD指标稳定性好，可单独用于个股行情中主力建仓、震仓洗盘、拉升、高位出货等完整的操盘流程。见图5-4-5双塔食品（002481）。

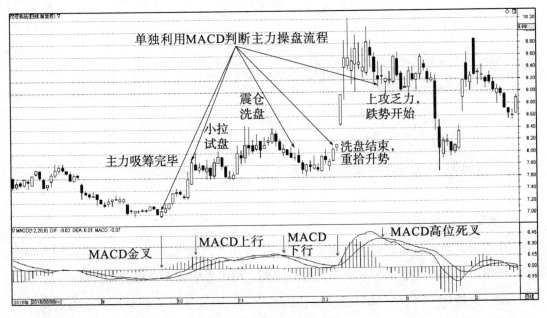

图5-4-5　双塔食品（002481）

（3）MACD指标能够判断持股时间。通常来说，如果MACD指标的日、周、月红柱保持同向放大时，投资者即可放心持股。如果MACD指标的日、周、月绿柱保持同向增长时，投资者必须尽快减仓或离场。

（4）两次金叉准确性较高。当MACD指标首次在0轴下方出现金叉时，大盘或个股会产生一定幅度的反弹，但很容易夭折，此时建议观望为主。当出现两次以上的金叉时，大盘或个股会产生幅度更大的上涨，甚至行情发生逆转，一旦向上突破0轴，

此时可积极入场做多。见图 5-4-6 大族激光（002008）。

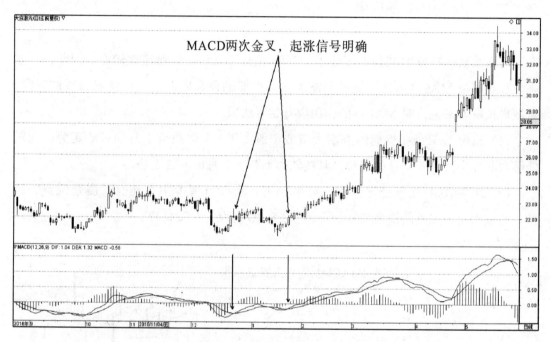

图 5-4-6　大族激光（002008）

三、MACD 的缺陷以及修正方法

1. MACD 的缺陷

在股市交易最常用的两大指标中，KDJ 更适用于超短线或短线，而 MACD 大多用于指导短线和中线选股。为了取得更好的效果，很多投资者喜欢将两者搭配使用。

和任何指标一样，MACD 指标尽管优点很多，但其本身也有缺陷，这也是我一再强调尽量多个指标配合使用，相互印证，再做出交易决策的原因。那么，MACD 指标的短处在哪里呢？在我看来，其缺陷主要有：

（1）当指数或股价盘整时，DIF 和 DEA 经常会出现相互缠绕的状况，给人一种方向不明的感觉，容易引起误判，从而导致亏损或过早出局。

（2）MACD 指标时间有迟滞效应，当指标明显发出买入或卖出信号时，要么是股价已经涨高了，要么是股价已经跌很多了。换句话说，该指标发出的交易信号滞后1—3 天，精准性没有 KDJ 指标那么高。

2. MACD 缺陷的修正

为修正 MACD 指标的以上缺陷，一般可采用如下办法，具体技巧如下：

（1）短线投资者尽量使用 KDJ 指标配合均线判断。如果进行短线操作时，投资者一定要用 MACD 指标，也要选择 15 分钟、30 分钟或 60 分钟 MACD 分时图来进行判断。

（2）当大盘或个股股价处于盘整状态时，为避免被指标发出的错误信号误导，可少采用 MACD 指标，而改用其他技术指标。

（3）修改 MACD 指标的参数。当前，很多行情软件（如东方财富网、大智慧等）均对很多指标设置了默认参数。如 DIF 及 DEA 分别是 12、26、9，投资者可以在软件上，将鼠标放在 MACD 指标上，点击右键，然后在"调整指标参数"中，将相应参数修改成 6、13、5，即可使得调整后的 MACD 信号变得更为灵敏。

四、MACD 的逃顶点位的选择及实战

在实战交易时，MACD 指标除了可以用于低位抄底、中线建仓、捕捉强势领涨龙头股之外，还经常被用于短线逃顶。具体操作方法如下：

首先，重新设置 MACD 参数。通常，大多数软件的 MACD 的默认参数为 12、26、9，即快速 EMA 参数为 12，慢速 EMA 参数为 26，DIF 参数设为 9。但从实际操作的角度来看，这组参数构成的 MACD 指标不够科学，它对于价格走势的波动反应明显滞后，既无法获得第一时间的交易机会，也难以对后市走向提供有预见性的信号。如果要用于短线操作，可将 MACD 的快速 EMA 参数设定为 8，将慢速 EMA 参数设定为 13，将 DIF 参数设定为 9，移动平均线参数分别为 5、10、30。

其次，选择比较好的卖点。

（1）第一卖点减仓。当股价经过大幅拉升后出现横盘，从而出现第一卖点。判断第一卖点是否成立，关键是看"股价横盘、MACD 死叉"。换句话说，当股价经过连续的上涨出现横盘时，5 日、10 日均线尚未形成死叉，但 MACD 率先死叉，并且红柱缩短。此刻，投资者已经获利不小，需要分批出货或减仓，提前锁定利润。

（2）第二卖点坚决离场。当第一卖点形成之后，有些股票价格并没有出现大跌，反而在回调之后主力继续拉升，以吸引散户高位接货。此时形成的高点很有可能成为股价一段时间的头部。判断第二卖点是否成立，一般看"价格与 MACD 背离"，即当

股价被不断拉高时，MACD却并不跟随创出新高，二者走势产生背离，这是股价见顶的明显信号。此时，表明主力在暗中出货，散户一定要眼疾手快，坚决离场，稍有迟疑就可能高位站岗。见图5-4-7马钢股份（600808）。

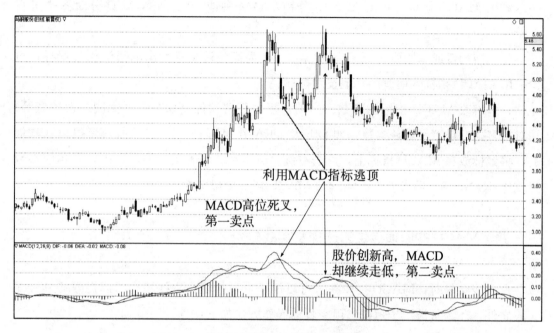

图 5-4-7　马钢股份（600808）

五、MACD 的背离及意义

实战中，MACD指标的背离情况，指 MACD 指标的走势与股价走势方向正好相反。MACD指标的背离有顶背离和底背离两种，其中顶背离出现在股价经历上涨后的高价区，底背离则出现在股价下跌后的低价区，二者均为转势信号，投资者须做好随时离场或入场准备。下面具体讲解股价变化中，两种背离的判断和操作方法。

1. 顶背离

当股价走势一直向上涨，而MACD指标由红柱构成的走势是一峰比一峰低，即当价格的高点比前一次的高点高，而MACD指标的高点比前一次高点低，即为顶背离现象。通常，顶背离现象预示着股价在高位即将掉头向下，投资者要随时做好卖股离场的准备。见图5-4-8宁波富邦（600768）。

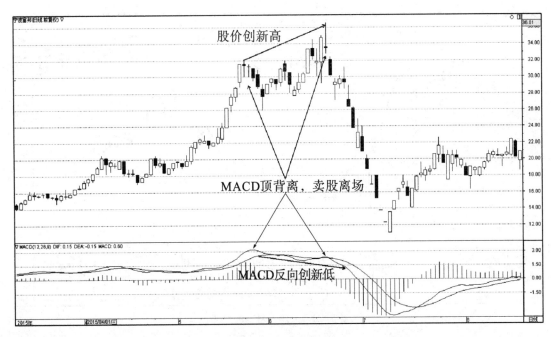

图 5-4-8 宁波富邦（600768）

经过一轮不小的涨幅后，宁波富邦 2015 年 5 月 27 日的 MACD 指标达到最高，其中 DIF 值为 3.176，红柱开始缩短，显示股价上攻动力有所衰减。此后，该股回落调整，MACD 指标的两根线开始缠绕，短暂面临方向选择。

2015 年 6 月 18 日，宁波富邦的股价冲高回落，盘中创出阶段高点 36.55 元，全天收出带长上影线的十字线。结合多个指标如 KDJ 等来看，很显然，当天是主力最后的诱多，已经赚得盆满钵满的主力出货的意愿强烈。当日，此前粘连在一起的 MACD 指标略微上翘，但并未跟随股价高过此前的高点，顶背离出现，投资者此时最好是立刻出场。

果然，6 月 19 日，该股低开低走，尾盘直接跌停，主力出货态度坚决。此后 3 天，因尚处于出货初期，主力略做拉升外，后面连续多日直接采取连续跌停的方式出货，手法可谓凶狠。如持有该股的投资者对 MACD 指标顶背离所揭示的意义熟悉并及时反应，果断出局，就能避免巨额亏损。

2. 底背离

当股价走势一直向下，而 MACD 指标由绿柱构成的走势是一峰比一峰高，即当价格的低点比前一次的低点低，而 MACD 指标的低点比前一次低点高，即为底背离现象。通常，底背离现象预示着股价在低位即将反转向上，投资者要随时做好入场建仓的准备。见图 5-4-9 天赐材料（002709）。

图 5-4-9　天赐材料（002709）

六、MACD中线擒牛实战案例

MACD 指标被称为指标之王，绝非浪得虚名。下面，我以具体案例说明如何运用该指标擒获中线牛股。见图 5-4-10 鄂尔多斯（600295）。

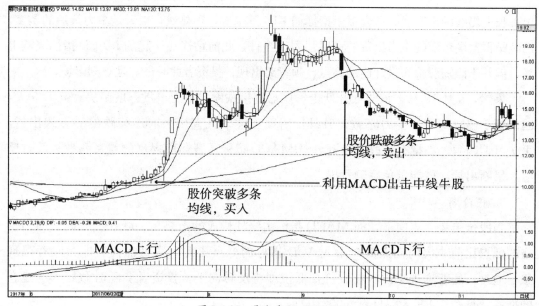

图 5-4-10　鄂尔多斯（600295）

（1）低位金叉。从 2016 年三季度开始，鄂尔多斯的净利润处于高速增长状态，同时营收增长较为稳健。2017 年 5 月 25 日，鄂尔多斯在经历了一轮跌势后，DIF 线上穿 DEA，形成低位金叉，同时绿柱缩短，发出买进信号。但当时股价仍被多条中长期均线压制，所以不要轻举妄动。

（2）MACD 指标双线加速上行。2017 年 5 月 25 日形成低位金叉后，股价持续震荡，但 MACD 指标继续上行，且双线稳步走高。6 月 27 日，股价突破所有均线压制，MACD 上穿 0 轴，强势特征确立，多个指标互相印证的走牛信号明确，我于当日以 9.7 元果断买入。

（3）持股和离场。7 月 24 日，该股主力开始震仓洗盘，因为业绩不错，我打算持股两个月以上，因此对震仓行为不为所动，9 月 14 日，该股盘中大跌，跌破 5 日、10 日、20 日均线，MACD 指标死叉后两根曲线开口放大，绿柱变长，显示下跌将加速。当日，眼看跌势已成且无力收回，我稍微一犹豫，尾盘卖股，但未成交。第二日开盘，我以 17.05 元的价格挂出卖单，很快成交。此次利用 MACD 配合均线中线出击鄂尔多斯，买点还算不错，持股近 3 个月，擒获一只小牛股，赢利 75%。

第五节

拨开涨停板背后的迷雾

不论是机构还是个人投资者，进入股市的终极目标是赚钱，其中，尽可能地斩获涨停股，无疑是令人期待的，而要做到这点，首先得学会判断目标股有无涨停潜力，接下来是如何利用各种指标和技术形态决定何时买入，最后才是找个好的时机卖掉手里的股票。本节，我将围绕涨停板这一股市最强表现形式进行深度讲解，并分享部分实战案例，读者朋友可对比借鉴。

一、涨停潜力个股具备的条件

1. 有政策支持

鉴于 A 股市场至今还有"政策市"的烙印，因此政策支持带来的利好作用极为明显。这些政策又分几个层次，有的政策是国家层面的，产生的作用能对整个 A 股市场带来巨大影响；有的政策是部委层面的，对某个行业板块和其中的上市公司带来重要影响；有的政策是地方政府或部门发布的，对区域内相关上市公司带来具体影响。所以，在判断目标股有无涨停潜力时，要重点分析政策的级别、重要性和持续性，以及可能为目标公司带来多少实际好处。

2. 有炒作题材

在 A 股市场散户占绝大多数的情况下，那些有这样或那样的题材，且题材有点想象力的公司，主力炒作时更容易引起市场高度关注，不用太多资金拉抬也能吸引大量跟风盘，后面出货也相对容易。没有炒作题材，无人入场抬轿，主力自弹自唱肯定很难成功。

3. 流通盘适中

通常情况下，当目标股流通盘太大时，主力要运作的资金成本太高。这样一来，如果大盘不好，上方抛压过重，主力需要大量资金护盘。但流通盘太小，几千万元砸进去就能轻易拉涨停，动静太大易打草惊蛇。一般来讲，流通盘 1 亿股－3 亿股较为适合。

4. 技术形态保持完好

前面说过，短线操作尽量结合 KDJ 指标和 MACD 指标。主力当然知道这个规则，他如果想在洗盘和拉升过程中换新的投资者入场，基本技术形态就不能太难看，最好是保持向上攻击形态，给跟风者更大信心。否则，技术形态过于难看，大多数投资者就不会轻易跟进。

5. 均线系统保持向上

当 5 日、10 日均线呈多头排列，30 日均线开始由走平掉头向上，并且股价一直稳稳站在 5 日均线上方时，表明多头已经控制局面，此时只要大盘配合，即便长期均线还未完全走好，主力也可随时发力攻击涨停。

二、透过涨停板摸透主力意图

涨停板也可以分很多种。按封盘力度分，可分为一直封死型和中途打开型；按涨停时间分，可分为开盘涨停型、盘中涨停型和尾盘涨停型；按成交量分，可分为无量涨停和带量涨停；按阶段分，可分为突破型涨停、中继型涨停和衰竭型涨停；按意图分，则有吃货型、洗盘型和出货型等。下面，我们重点剖析其中几种常见的涨停板。见图 5-5-1 建投能源（000600）。

1. 一直封死型

无论是开盘涨停还是盘中涨停，中途如果不打开，封死至收盘，且成交放大，则可视为主力态度坚决。如无量，则说明持股者惜售，各方一致看多后市，遇到此类涨停，持币者很难入场，持股者可持股待涨。

2. 中途打开型

股价封死后，中途被打开，无论是主力故意为之，等待利益相关者上车，还是资金实力不够，都表明主力的态度不够坚决，遇到此类涨停要谨慎对待，持币者要根据股价所处的位置来决定是否入场，持股者可减仓或持股待涨。

3. 吃货型涨停

部分个股虽然全天收于涨停，但中途多次被打开，有些是主力利用涨停吃货。这么做的主要原因，是该股业绩优秀，有成为市场阶段热点的潜力，而前面吸筹不够，此时即便涨停，股价也处于低位，中途开板吸货，急于离场的套牢盘很容易交出筹码。此种情况多出现在股价上涨初期，持币者可入场，持股者可持股待涨或加仓。

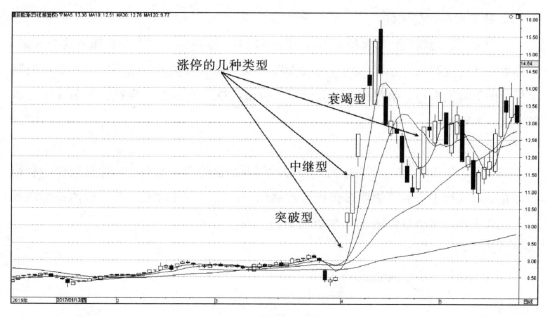

图 5-5-1　建投能源（000600）

4. 洗盘型涨停

经过一轮拉升之后，股价上涨不少，此时，主力为提高投资者持股成本，或者进行高抛低吸，赚取差价，等人气爆棚时，悄悄撤走下方买单，然后用一笔大卖单瞬间下砸，造成封不住的错觉，以达到恐吓不坚定者卖股离场，自己低位接货的目的。此种情况多出现在股价上涨初期，持币者可入场，持股者持股待涨或加仓。

5. 出货型涨停

具体表现为，主力用大买单将股价急速拉高并封上涨停板，此时很多投资者觉得买股时机来临，于是奋起直追。殊不知，主力会暗中把买单撤掉，转而填上大卖单，从而达到出货目的。如果想要尽可能多地出货，主力会故意在盘中反复打开涨停。此种情况多出现在股价上涨后期，持股者应随时做好出场准备。

6. 突破型涨停

当吸筹完毕，主力为吸引更多跟风盘入场，通常在关键位置，如颈线，箱体震荡的箱顶，平台横盘的上轨等处，放量涨停以扭转股价运行趋势。此种情况多出现在股价上涨初期，如技术指标配合完好，持币者可积极介入。

7. 中继型涨停

经过一轮小幅拉升后，持股者想兑现利润离场，持币者担心价格高，不敢轻易入

184

场。此时，主力便再度强拉涨停，从而打消各方疑虑。此种情况多出现在股价上涨中期，持币者半仓介入，持股者持股待涨，直至趋势遭到破坏。

8. 衰竭型涨停

当经过一段时间的拉升、洗盘、再拉升后，股价已经运行在高位，此时，主力要完成最后一步，即派发获利筹码，但又不能一股脑儿把手里的股票挂在卖一卖二处，否则会吓跑接盘者，在此位置，最好的办法，是再拉涨停，把技术形态做得完美，吸引更多人进场，然后悄悄出货。此类涨停多出现在股价上涨后期，持币者不可入场，一旦放量滞涨，意味着趋势即将反转向下，持股者应坚决卖股。

三、真假涨停的鉴别

1. 封涨停的不全是主力

白马王子的故事大家都听过，但请记住，骑白马的不一定是王子，也可能是唐僧。同理，在股市中，股价能封涨停，必须要大量资金推高股价，大多数情况下，该股的主力是决定性力量。但有几种情况例外。比如，在正常交易过程中，如果遇到政府突然发布促进行业发展的政策，或公司有大利好被媒体曝光，主力只要用几笔大单拉升，跟风者立即疯狂抢筹，而持股者惜售，股价自然很快涨停。很显然，除了开始时动用了一点资金，后面推升股价的并非主力。此种涨停属于假涨停，其持续性需要综合跟踪观察。

2. 开盘涨停诱多实为出货

有时，主力好不容易把股价拉升到一定阶段，但发现出货困难，买盘不够积极。此时，常采取小幅低开，然后趁开盘参与人数不多时，急速拉高，瞬间冲击涨停，跟风盘一看主力行动了，很快蜂拥而入。但股价碰到涨停位置后，立马回落，全天震荡回落，收出小阳线，主力借机出货。还有一种情况，就是主力直接以涨停开盘，但迅速回落，收盘是阴线。很明显，开盘涨停的目的就是诱多，掩护自己出货。此种涨停也属于假涨停，务必谨慎对待。

3. 尾盘涨停，第二天大幅低开套人

对主力而言，前面的几个阶段做得再好，如果手里的股票不能顺利在高位卖出去，仍是失败的。为了派发获利筹码，主力总是绞尽脑汁。比如有的股票，全天表现平淡，午后或尾盘突然被拉至涨停。第二个交易日大幅低开，如此一来，前一个交易日尾盘追进的投资者，立刻处于亏损状态，自然不愿轻易离场，而之前还在后悔没买到的，以为主力在洗盘，买股机会来临，马上追击。利用这种凶悍的手法，既可套牢部分持股者，又能吸引部分持有捡便宜的心理的持币者入场，主力则可顺利出货。此种涨停也属于假涨停，尽量回避为宜。

实战举例。见图 5-5-2 长春一东（600148）。

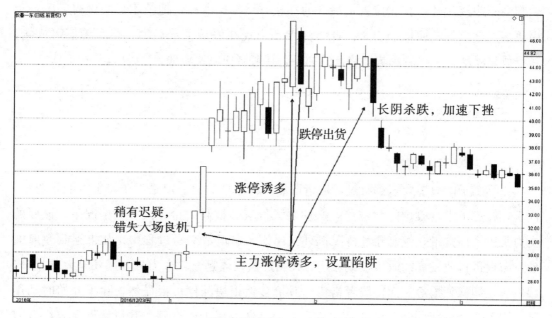

图 5-5-2　长春一东（600148）

长春一东是 2017 年沪指开年的一只牛股。1 月 6 日、9 日、10 日，长春一东连续拉出 3 个涨停板，可谓是短线明星品种。该股之所以表现强劲，与实控人宣布启动混改密切相关。

长春一东的控股股东是吉林东光集团，而中国兵器工业集团则是长春一东的实际控制人。1 月 4 日，中国兵器工业集团公司正式对外公布《中国兵器工业集团公司关于发展混合所有制经济的指导意见（试行）》，这标志长春一东实控人的混合所有制改革大幕正式拉开。

有意思的是，在《中国兵器工业集团公司关于发展混合所有制经济的指导意见（试行）》发布之后，多家券商在研报中最为看好的并非长春一东，而是长春一东的同门兄弟北方创业等公司。不过，长春一东的涨势却十分凌厉。

1 月 5 日、6 日、9 日，长春一东连续 3 个交易日收盘价格涨幅偏离值累计达到

20%，根据有关规定，这已经属于股票交易异常波动情形。

为此，长春一东于1月10日公告称，（1）经公司自查，公司及控股子公司目前日常经营活动正常，公司前期披露的信息不存在需要更正、补充之处。公司不存在应披露而未披露的重大信息，包括但不限于重大资产重组、发行股份、上市公司收购、债务重组、业务重组、资产剥离和资产注入等重大事项；（2）经向公司控股股东吉林东光集团有限公司询问，截至目前，控股股东不存在与本公司有关应披露而未披露的重大信息，包括但不限于重大资产重组、发行股份、上市公司收购、债务重组、业务重组、资产剥离和资产注入等重大事项；（3）经向公司实际控制人兵器集团询问，截至目前，实际控制人不存在与本公司有关应披露而未披露的重大信息，包括但不限于重大资产重组、发行股份、上市公司收购、债务重组、业务重组、资产剥离和资产注入等重大事项；（4）兵器集团于2017年1月4日印发《中国兵器工业集团公司关于发展混合所有制经济的指导意见（试行）》，该事件经媒体报道后，引起了公司股价异动，公司经与控股股东和实际控制人核实，截至目前，公司不存在媒体报道的相关事项。

很明显，公司对媒体有关长春一东涉及混股的传闻进行了澄清。但长春一东的涨势并未就此结束。1月10日开盘，长春一东大幅高开，10：23，该股再度封死涨停。而当日，军工股整体退潮，长春一东的强势可见一斑。

1月9日，该股小幅低开后，快速拉升，9：58分便封死涨停。按说，涨停前的半个小时，用于分析和入场已经足够了。当时，混改是比较热的概念，而宣布混改的中国兵器工业集团是长春一东的实控人，这让长春一东具备了纯正的混改概念。此外，长春一东的总股本和流通股本才1.42亿股，非常适合私募游资炒作，但机会转瞬即逝，稍一迟疑就错失了入场机会。

此后几天，该股一路上涨，并于1月19日、20日再次拉出两根涨停，但看着价格走高，不敢动手。1月23日的一根十字星，虽然带有长长的上影线，但收盘价高于前一日的价格，判断该线为上涨中继，于是打算第二天轻仓参与。

1月24日，长春一东低开高走，上午收盘大涨6.95%，看来主力是有备而来。午后开盘，我迅速以46.44元的价格三成仓位杀入，13：23，该股涨停，而当日收盘价47.34元，也是年内最高价。当日晚间，公司还发布利好公告称，预计2016年年度实现归属于上市公司股东的净利润与上年同期相比，将增加1053%左右。主力会不会借此机会继续再拉一波？

事实是，主力不但没有继续拉升，反而借助利好大肆出货！1月25日，该股早盘

低开于 46.6 元，于 10：23 跌停，收于 42.61 元，主力出货态度坚决，此时我立即以跌停价挂出卖单。午后 13：21 跌停被打开，卖单成交。此后，该股一路下跌，至 2017 年 6 月 2 日，该股跌至年内低点 16.68 元，从年内高点算起，跌幅高达 65％。

前后不过两个交易日，快进快出的一次超短线操作，我因为过于相信主力冲击涨停的动机，最终亏损 8％，教训可谓惨痛。

四、参与涨停板交易的八大要点

股价涨停，显示股价走势较强，特别是连续涨停的个股，可使投资者短期内获得丰厚利润。如 A 股市场上最著名的"妖股"山东金泰（600385，此前曾多次更名，如 ST 金泰），2007 年竟然一口气拉出 42 个涨停。但是，再牛的黑马，在大涨之后通常伴随大跌，ST 金泰在拉出 42 个涨停之后，马上掉头向下砸出 7 个跌停，仅隔两个交易日，再度出现 5 个跌停。因此，参与涨停股交易，必须把防范风险摆在首位。

实战中，参与涨停板交易要坚持如下几点：

1. 坚持以短线为主

抓到这类涨停股，短期收益很大，但短期趋势遭到破坏时必须果断离场，切莫恋战。

2. 坚持以中小盘股为主

尽量避开超级权重股，因为拉升这类股票需要巨额资金，连续涨停的可能性很小，而中小盘股，连续涨停的阻力不大，后市涨幅可观。

3. 坚持早盘回调介入

大多数情况下，早盘敢于表现的股票，表明主力实力雄厚。那种尾盘突袭涨停的，主力资金实力相对有限。据统计，连续 3 个涨停以上的股票，其涨停之初都呈现出开盘迅速涨停、量能萎缩的格局。因为前几个涨停最容易吸引跟风盘的目光，同时主力是有计划进行拉高，不会受大盘当天涨跌的太大影响，往往很快涨停，而且买单堆积，获利者迅速捂盘，成交量萎缩，涨停封死的可能性非常大，而且次日走势雷同。而尾盘拉高涨停的股票，则多是主力尾市故意做盘，目的一般是为了第二天能在高点出货。同时，由于在头一天上午和下午买进的散户获利很大，因此，第二天开盘后的抛压很重。主力在尾市拉高不是靠资金实力硬拉，欺骗的概率也更大。

4. 坚持在大盘走强时参与

随着股票只数越来越多，当沪深市场开盘有 15 只以上个股涨停时，可考虑早盘追击涨停板。如果大盘处于震荡市，连续几天涨跌都不大，那么可适度谨慎参与涨停板交易。如果大盘处于下降通道和明确的熊市，则尽量避免参与。

5. 坚持选择低位技术形态较好的个股

股价长期在底部盘整，未出现大幅上涨，且技术形态较好的底部股，以及部分经历了小幅拉升和洗盘阶段的强势股，接下来连续涨停的概率较大。

6. 坚持只参与有量能配合的个股

成交量保持温和放大，是股价后市能否持续向上拓展空间的基础。但需注意，成交量不能太大，换手率不宜太高，否则有主力暗中出货的嫌疑，尤其在拉升过程中，成交量骤然放大，但股价不涨收出长上影线的股票，尽量先卖股离场再说。

7. 坚持选择领涨龙头股

无论是牛市还是熊市，主力要想吸引更多投资者进场，大多会择机对那些有号召力的龙头股进行猛烈攻击，以带领板块腾飞。尤其是在熊市结束时，敢于打响涨停第一枪的，基本是板块龙头，其涨幅较其他个股会大很多。

8. 坚持观察涨幅榜

短线交易者，要养成坚持观察涨幅榜的习惯。对那些接近涨停的股票，要随时查看价格、前期走势及流通盘大小、业绩。当备选目标股盘中涨幅达 6％以上时应做好买进准备，以防大单突然封死涨停而错失骑牛机会。

五、涨停板频出的五大关键位置

1. 向上突破下降趋势线

实战交易中，当某只个股经过一轮长时间下跌后，一般人气较为低迷，交投清淡，甚至还有跌势未完，深不见底的感觉。此时，已在底部悄然吸筹完毕，即将开始拉升的主力要想提振士气，最好最有效的招数，就是在下降趋势线的压力位置放量涨停，进入当日涨幅榜前列。如果这种涨势能持续一段时间，则该股就能扭转趋势，由跌转涨，然后按照主力的意图发展。见图 5-5-3 湖南天雁（600698）。

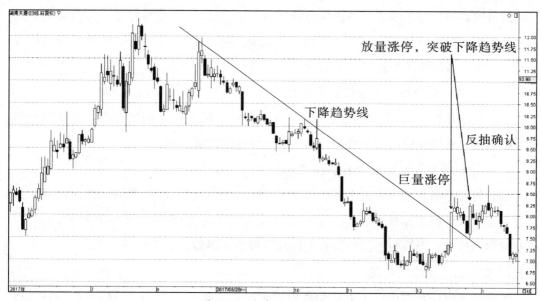

放量涨停，突破下降趋势线

下降趋势线

反抽确认

巨量涨停

图 5-5-3　湖南天雁（600698）

2. 向上突破颈线

颈线是股市 K 线形态的一种形象说法，可以出现在头肩底、W 底（又称双底）、三重底等常见底部反转形态中。

其中，头肩底形态较为复杂，形成时间较长。从人体结构看，颈是头的一部分，是头部与身体的分水岭，而颈线就是由左肩到左颈部、右颈部与右肩相连的直线。头肩顶和头肩底是最为常见的趋势反转形态，头肩顶是在上涨行情接近尾声时的看跌形态，而头肩底是下跌行情接近尾声时的看涨形态。

头肩底由左肩、底、右肩及颈线组成。具体形态为：当股价从左肩处开始下跌至一定深度后弹回原位，然后重新下跌超过左肩的深度形成头部后再度反弹回原位；经过整理后开始第三次下跌，当跌至左肩位置形成右肩后开始第三次反弹，最后一次反弹必须很大才行。为了强势突破，吸引人气，主力通常会在右肩处放量涨停，头肩底完整形成后，股价一般会迎来一波时间不短的强劲上涨。

而双底（W 底）因形状像英文字母 W 而得名，多发生在股价波段跌势的末期。当出现双底时，通常预示着由跌势转升势，如果有效上破颈线压力，后市会有一波不错的涨幅，且此前的阻力线也会变为支撑线。

值得注意的是，无论是头肩底、双底还是三重底，颈线不一定完全标准，如遇利空利好消息，左肩和右肩有倾斜的变体出现。此外，头肩底有时也会出现一头多肩或多头多肩的形态，但万变不离其宗，且筑底时间越长，后市涨幅越大。见图 5-5-4 西藏矿业（000762）。

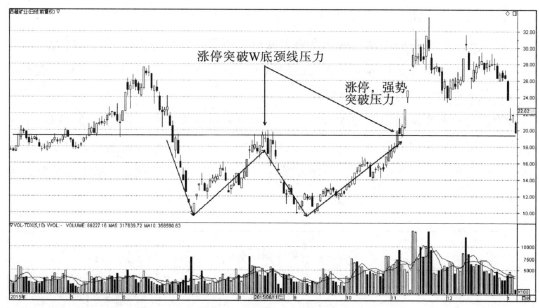

图 5-5-4　西藏矿业（000762）

3. 突破上升通道上轨

一旦股价底部反转形成上升行情，股价总是运行在上升通道中的，不过，当一轮涨势经历初期慢涨、震仓洗盘、再度拉升、再次洗盘后，中期或末期会有一个急速上攻的过程。此时，要突破上升通道的上轨线阻力，主力会发力涨停，将人气刺激到爆棚，为高位出货做好准备。见图 5-5-5 中迪投资（000609）。

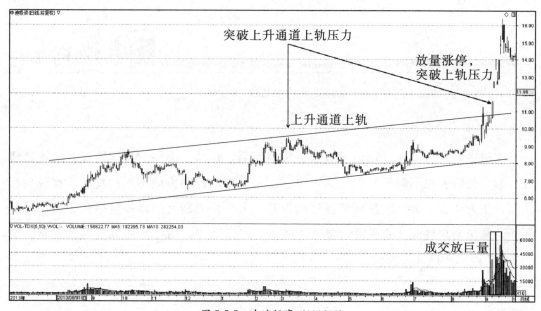

图 5-5-5　中迪投资（000609）

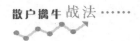

4. 向上突破箱顶

实战中，当股价向上运行时，会遇阻回落，当回落到一定价位时获得支撑，如此多次反复，上方阻力便构成了箱体震荡的箱顶，下方支撑则构成箱底。而箱体震荡会出现在筑底期和上涨初期的洗盘阶段。

当主力意图突破箱顶的强大压力，也会采取放量涨停的方式强势上攻，以展示自身实力，吸引跟风盘。通常，箱体震荡的时间周期越长，后市涨幅越大。对于处于箱体震荡的个股，投资者应密切保持跟踪关注，一旦充分蓄势后成功突破上方压制，股价涨幅较大。见图 5-5-6 银龙股份（603969）。

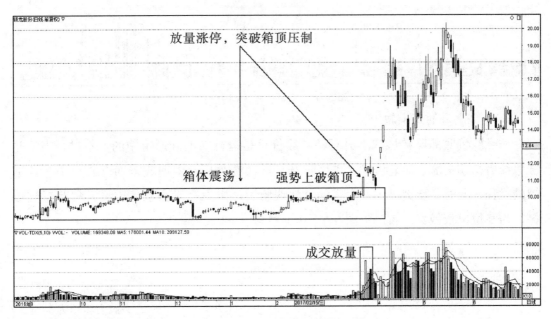

图 5-5-6　银龙股份（603969）

5. 向上突破均线缠绕

实战中，当股价在底部运行较长一段时间后，短期、中期、长期均线会粘连缠绕在一起，投资者也不敢轻易做出买卖决定。为了打破这种方向不明的现状，摆脱均线压制，主力通常会选择放量强势涨停的策略，来个快刀斩乱麻，一旦挣脱多条均线的强压，股价会出现脉冲式上攻，有时甚至还会连续涨停，仿佛被压缩已久的弹簧。见图 5-5-7 西部建设（002302）。

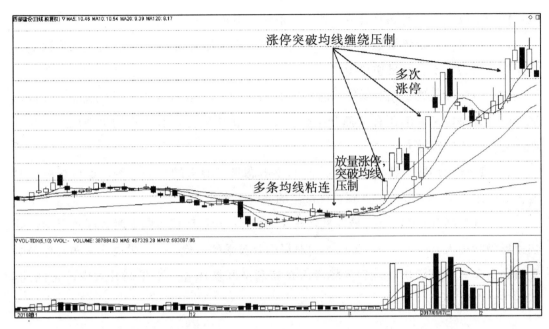

图 5-5-7 西部建设（002302）

六、第一个涨停板后还追不追？

不少投资者都遇到过一种特别纠结的情况，就是目标股在涨停前不敢或来不及买入，等封死涨停后根本买不进，对于第二天到底追还是不追始终下不了决心。下面，谈谈几点个人的经验，仅供参考。

1. 三点原则

既然出现一个涨停，说明做多力量较强，但这种力量来自实力雄厚的主力，还是中小投资者合力推动，就要进行具体区分了。可掌握以下三个原则：

（1）仓位不能太重，牛市时，最多半仓参与；震荡市和熊市，最多三成仓位；稳健型投资者最好不要参与。

（2）务必密切关注大盘走势和目标股开盘情况。最好是前夜无较大利空，早上开盘 10 分钟大盘走势平稳，目标股未出现大幅低开。相反，则要谨慎参与。

（3）一旦判断错误，亏损达到 5%，坚决止损出局。

2. 四个条件

关于首个涨停后第二天还能不能追，确实是个复杂的问题，涉及的因素较多，但

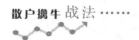

也不能因噎废食，只要同时具备下列四大条件，不妨大胆追击。

（1）沪深大盘走势平稳。之所以特别看重大盘，是因为 A 股市场上绝大多数主力都是顺势而为，不会轻易逆势操作。

（2）目标股尚处于相对低位。涨停股有幼年期、壮年期和老年期，股价出现首个涨停的位置决定了后市还有无弹升空间，要想追击更安全，股价在幼年期最好，壮年期次之，老年期则放弃。

（3）K 线、均线、技术形态保持向上攻击态势。形态的完美与否，是短线涨停股能否吸引跟风盘，将股价拉升到目标价位的关键因素之一。

（4）早盘高开 3％以上。最好是高开 3％以上，开盘后稳步向上时或回落至均价处快速反弹时买入。高开 3％，说明主力对局面有较强的掌控力。如果高开太多，容易引发获利盘和套牢盘涌出，且后入场者潜在获利空间被压缩；如果高开太少甚至低开，不利于后市拉升。

第六节

涨停板战法集锦

上一节，我们学习了有关涨停板的相关知识，本节将重点分享我长年征战股海的实战经验和案例，包括曾经错过，留下遗憾的部分牛股。

需要指出的是，此处的涨停板，是指在股价运行的某段时间内出现涨停，并不仅仅指买入后立即就涨停的情况。与此同时，在利用不同指标结合抓涨停股的过程中，大盘最好是处于牛市或震荡市，如果大盘处于熊市，建议空仓休整等待机会，不可强行逆势操作。

一、KDJ、MACD 双剑合璧

KDJ 是一种超前指标，较为敏感，但变动较快，准确性稍弱，故多用于短线操作；MACD 一般反映中线的整体趋势，稳定性和准确性高，但有一定的滞后性。无数实战结果证明，将两者结合起来使用，比单一指标效果要好得多，并且利用这种方法，抓到涨停牛股的胜率较高。正所谓，双剑合璧，谁与争锋！

按照传统理论分析，KDJ 指标的超前主要是体现在对股价的反应速度上，根据 K 值和 D 值的变化，可分为超买区、平衡区、超卖区，并且，依照数值和形态的变化，投资者可以决定建仓与离场时机，但由于其速度较快造成频繁出现买入卖出信号，故单独使用失误较多。MACD 指标则因为基本与市场价格同步移动，使发出信号的要求和限制增加，从而避免了假信号的出现。将这两柄利器结合起来的好处是：根据 KDJ 指标即时发出的短线买入与卖出的信号，以及 MACD 指标反映的中线趋势，可以较准确地判定大盘和股票价格的中、短期波动。实战中，用 MACD 指标搭配 KDJ 指标时，要特别注意以下几点：

1. 买入点

当目标股股价在经过较长一轮下跌后，开始筑底，随后股价开始缓慢回升。考虑到 KDJ 较敏感，一般会比 MACD 更早发出信号，且金叉不一定在低位，即便已经上穿

50 中轴线也不影响判断，而且此时，MACD 指标可能还处于粘连状态，但只要不是处于向下趋势，即可视为股价见底，激进型投资者可先行轻仓入场。随着股价底部不断抬高，两个指标都出现金叉，准确性提高，稳健型投资者可大胆入场。要注意的是，随着股价上涨，KDJ 多次金叉死叉和钝化的情况较多，只要 MACD 上行趋势未遭破坏，可持股观望。

2. 卖出点

当股价连续涨停或一轮大涨之后，主力技术指标上一般表现为：KDJ 指标会先于 MACD 指标出现高位死叉，随着股价可能上冲，KDJ 也会金叉，而后在高位出现多次死叉的情况，这是股价阶段性见顶的信号。因为 MACD 指标反应稍慢，当其出现死叉时，可能股价已经下跌了几天，因此，短线卖点可重点结合 KDJ 和股价位置来判断，中线卖点可多用 MACD 指标来判断。如果慢速的 MACD 和快速的 KDJ 都发出下跌信号，此时，必须择机离场。

实战举例见图 5-6-1 安凯客车（000868）。

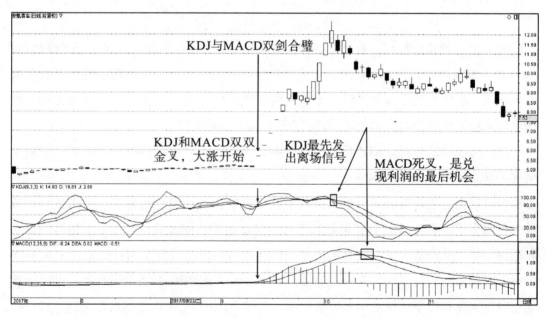

图 5-6-1 安凯客车（000868）

自 2017 年 2 月 22 日创出一个反弹小高点后，安凯客车一路下跌。7 月 18 日，该股创出 2017 年最低价 4.63 元，此后连续小幅震荡筑底。9 月 11 日，该股突然一字涨停。至 10 月 10 日，一共拉出 9 个涨停。涨势可谓异常凌厉。从 9 月 11 日起，安凯汽车就开始进入了连续涨停模式，连续 5 个交易日涨停，累计涨幅超过 60％。9 月 18 日上午，安凯客车开始停牌。经历了 4 天短暂停牌后，9 月 22 日复牌的安凯客车开盘不到 3 分钟又再次涨停，涨停价格 9.16 元，可谓牛股。

事实上，投资者如果善于将 KDJ 和 MACD 指标结合使用的话，安凯客车这只牛股是可以抓到的。

从 7 月 18 日开始，安凯客车的底部是在逐渐抬高的。9 月 8 日，KDJ 指标有勾头向上的迹象，MACD 指标的两根曲线也有向上分叉的势头，这些都预示着起涨在即。客观来说，两个指标当天发出的信号还不太明确，只适合经验丰富，风险承受能力强的短线高手介入。如果是稳健型投资者，在 9 月 11 日买入自然更加安全可靠，只不过当天是以涨停开盘，能否顺利入场有较大的不确定性。而如果能顺利冲进场内的投资者，9 月 25 日和 10 月 10 日，KDJ 指标两次出现死叉，第一次短暂洗盘未离场的投资者，为安全起见，第二次死叉时可先行卖股离场，锁定利润。此时，仅靠一个 KDJ 不好判断，那么，10 月 17 日，MACD 出现死叉，这是短线最后一次兑现利润的机会。

二、KDJ、布林线比翼齐飞

与 KDJ 和 MACD 一样，BOLL 指标（布林线）也是股票交易中最常见和最实用的技术分析参考指标之一。布林线具备几大功能：指示支撑和压力位置；显示超买、超卖；指示股价运行趋势。

布林线由三条线组成，最上边的是阻力线，最下边的是支撑线，中间的是平均线，而"喇叭口"是布林线形态的形象说法，通过"喇叭口"的方向和幅度，可判断股价的运行趋势，进而做出买卖决策。

我们多次谈到，股市实战时，再厉害的指标，都有缺陷或钝化问题，故要尽量避免使用单一指标，以免做出错误决策，而双指标或多指标结合使用，准确性更有保证。实践证明，KDJ 与布林线结合使用，可以收到比翼齐飞的效果。有的投资者，把技术指标看得太过复杂，实际上，化繁为简才是王道，掌握指标的核心用法即可，具体要求如下：

1. 买入点

当布林线阻力线和支撑线开始由下走平或向上拐头，喇叭口由紧缩变大，股价上穿、在平均线处获得强支撑或触及支撑线时，预示着变盘在即；KDJ 指标形成金叉，

快速线J线上穿K线和D线，低位金叉更好，但不强行要求一定在低位。此时，可大胆买入。

此外，当股价上碰平均线回落，在该线处获得支撑，KDJ指标二度金叉时，也是较好的买入点。

2. 卖出点

当股价偏离布林线阻力线过多，阻力线向下勾头，喇叭口开始收缩，股价由上方下穿并有效跌破平均线，即便平均线继续上行，仍要随时做好卖股准备，如KDJ指标高位死叉或三线发散向下，则坚决卖股，绝不恋战。

实战举例见图5-6-2盛和资源（600392）。

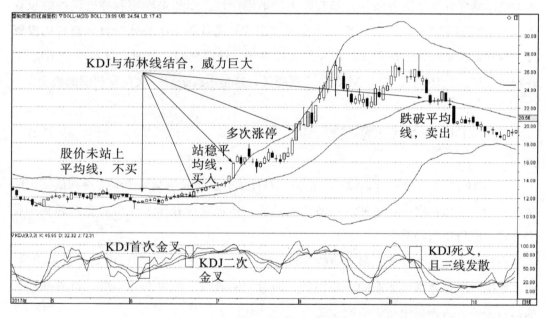

图 5-6-2　盛和资源（600392）

2017年上半年，盛和资源一直处于震荡状态，1月20日一度创出年内低点10.13元，此后小幅反弹。2017年6月2日，该股股价收出长长的下影线，表明经过几个月的盘整，多方力量开始重新聚集，空方力量有所减弱。

6月6日，KDJ指标出现低位金叉，率先发出买入信号。不过，短线操作一定要多个指标同步印证，准确率才更高。观察MACD和布林线，发现MACD指标尚处于0轴下方，且绿柱变长，同时股价仍在布林线平均线下方徘徊，显示做多方向仍未明确，暂不入场。

6 月 23 日，该股温和放量上攻，全天大涨 4.38%，突破多条中短期均线，并触及布林线压力线，喇叭口开口放大，平均线上翘，股价也在平均线上方整固多日。与此同时，KDJ 指标二次金叉后发散向上，MACD 指标也上穿 0 轴，显示该股有可能加速上涨。

此后，盛和资源股价沿着布林线平均线一路上扬，并于 7 月 7 日、7 月 31 日、8 月 7 日斩获 3 个涨停。其间，虽然较为敏感的 KDJ 指标在 7 月 11 日、8 月 4 日和 8 月 11 日多次出现死叉，发出离场信号，但因股价并未跌破布林线平均线，且一直紧贴布林线压力线上行，故可持有。

8 月 23 日，盛和资源股价盘中跌破布林线平均线，如果收盘无法站稳该线，可先行卖出。当日，该股收盘最终收在平均线上方，暂时安全。

第二天，该股微幅高开，随后震荡下行，至尾盘仍未收高，应卖出。尽管该股此后几天还有一波涨幅，但必须遵循有效跌破重要技术支撑位，先卖股离场的原则，这样才是安全的做法。

三、成交量、MACD 联袂擒牛

成交量与中线指标 MACD 的配合应用同样准确率较高，而且容易擒获中线牛股。在利用成交量与 MACD 指标寻找买卖点时，具体要求如下：

1. 买入点

当股价经过一段时间下跌，成交量逐渐放大，MACD 指标在 0 轴下方形成金叉，红柱放大时，表明股价即将由弱转强，做多力量开始集聚，此时可做好入场准备。注意，如果 MACD 的两根线在低位粘连，说明方向暂不明确，最好等 DIF 上穿 DEA 再出手效果更佳。此外，如遇洗盘行为，可结合均线和股价所处位置判断，0 轴上方如果 MACD 出现死叉，只要两根线趋势持续向上多半为洗盘，通常会重新开口向上。成交量方面，拉升初期放量，洗盘阶段会缩量，拉升末期放量和缩量都有可能。

2. 卖出点

当股价经过一段时间上涨，成交量放出巨量或天量，MACD 指标的两根线在高位缠绕或在高位形成死叉，绿柱放大时，表明股价短期涨势结束，主力出货边拉边卖，此时为第一卖点，最好先抛股离场。而在出货中期，成交量会出现萎缩，为第二卖点，必须清仓，一旦进入出货后期，成交量会放大。此外，MACD 在高位死叉后，即便股

价再创新高，两根曲线再度缠绕，只要趋势向下，仍要卖股。

实战案例见图 5-6-3 曙光股份（600303）。

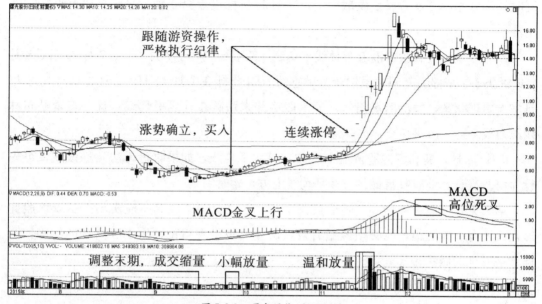

跟随游资操作，严格执行纪律

涨势确立，买入   连续涨停

MACD金叉上行   MACD 高位死叉

调整末期，成交缩量   小幅放量   温和放量

图 5-6-3　曙光股份（600303）

自 2015 年 6 月中旬曙光股份的股价创出一波高点后，该股跌速较快。9 月 15 日，该股创出年内低点 5.02 元。当天及此后几天，成交量也萎缩至地量水平。MACD 在低位出现双线粘连的情况。通常，这预示着跌势即将结束，但还不能马上介入。

随着底部逐渐抬高，MACD 指标开始出现低位金叉，红柱不断变长。但因股价始终未能突破中短期均线压制，需继续观察。10 月 19 日，该股平开高走，午后继续上拉，站稳 60 日均线。当时，成交量继续放大，MACD 指标两根线开口放大，显示涨势确立，尾盘可以 6.95 元的价格买入。

此后几天，股价回踩多条中短期均线，MACD 指标双线再度粘连，但一直运行在 0 轴上方，这其实是一个多头力量的最后集聚和对上涨方向的再次确认。

2015 年 11 月 10 日，国家交通运输部、财政部、工业和信息化部联合发布《新能源公交车推广应用考核办法（试行）》。根据该考核办法，2016 年至 2020 年，新能源公交车推广应用考核工作每年按程序进行一次，主要考核各省（区、市）每自然年度内新增及更换的公交车中新能源公交车的比重。

该考核办法规定了各省（区、市）每年度新增及更换新能源公交车比重的具体数值，其中，北京、上海等 10 省市的新增及更换比重要求相对较高，2015 年至 2019 年应分别达到 40%、50%、60%、70% 和 80%。

各级交通运输部门将督促有关城市公交企业按照政府确定的推广计划，购置符合要求的新能源公交车，并及时投入运营，加强日常监督和检查。公交企业将采用信息化手段，建立车辆管理档案与基础台账。

这是继当年 5 月份，财政部、工业和信息化部、交通运输部联合下发调整公交车成品油价格补助政策的通知，平衡传统燃油公交车和新能源公交车的使用成本后，中央针对进一步推动新能源公交电动化而出台的重磅新政！该考核办法正是对推广新能源公交客车提供的制度层面的保证，对新能源客车企业无疑是重大利好！

在该政策公布后的第二天，即 11 月 11 日开始，作为国内新能源公交的龙头企业，曙光股份开启了股价连续涨停之旅。当日，曙光股份直接以涨停开盘，并持续至尾盘，全天成交缩量，盘中惜售心理明显。12 日、13 日、16 日，该股继续涨停。11 月 17 日，曙光股份发布股票交易异常波动公告称，经自查，公司目前内部生产经营活动正常，内外部经营环境未发生重大变化；公司大股东辽宁曙光集团有限责任公司及实际控制人均确认不存在应披露而未披露的重大信息，包括但不限于重大资产重组、发行股份、上市公司收购、债务重组、业务重组、资产剥离和资产注入等重大事项；公司未发现其他可能对公司股价产生较大影响的重大事件，也未发现需要澄清或回应的媒体报道或市场传闻。当日及 11 月 18 日出现两根上涨中继十字线。

11 月 25 日，该股复牌，继续疯狂涨停，量能配合完好。11 月 27 日，主力开始出货，当天低开低走，午后跌停，KDJ 高位死叉，但 MACD 继续上行，可暂不离场。

12 月 4 日，曙光股份上攻无力，尾盘回落，眼看将收出倒锤头线，且 MACD 指标高位死叉，几乎看不到红柱，成交量也较前几日继续萎缩，显示本轮涨势已是强弩之末，应抛股离场。

在操作曙光股份的过程中，游资炒作迹象明显，为控制风险，我自始至终都严格按照成交量和 MACD 的变化买卖，绝不纠缠，从最终的结果来看，共抓获 8 个涨停。

四、均线、KDJ 联手捉牛

均线和 KDJ 指标单独使用时，各有利弊，一旦有机结合起来，发出的买卖信号无疑更为明确有效，威力也更为强大。尤其是，将短期均线与本身较为敏感的 KDJ 灵活利用好，容易抓到涨停股。但要特别提醒：鉴于 KDJ 指标只适合指导短线操作，故其使用时间较短，需严格执行纪律，不可久拖不决。

在买入点和卖出点的条件选择上，做法如下：

1. 买入点

无论在上涨、下跌还是底部震荡期，KDJ 指标都会频繁出现金叉和死叉，因此，风险承受能力较强的投资者，可以在大盘下跌期用适当的仓位参与技术性反弹。但对稳健型投资者来说，还是应该观察均线系统的变化。具体来说，即便半年线、年线仍处于下行态势，只要 30 日、60 日均线开始走平，当股价突破 5 日、10 日均线，且 5日、10 日均线勾头向上时，则说明短期股价有较强反弹欲望；如 KDJ 指标的 D 值在 40 以下，且 K 线向上突破 D 线时买进，通常能收获一波短线利润。

2. 卖出点

买入后，可能半年线和年线仍下行或走平，30 日、60 日均线开始走平或向上，当股价跌破 5 日、10 日均线，且 5 日、10 日均线勾头向下时，则说明短期股价反弹结束。如 KDJ 指标的 D 值在 80 左右，且 K 线向下突破 D 线时，最好先行卖出。

实战案例见图 5-6-4 山西焦化（600740）。

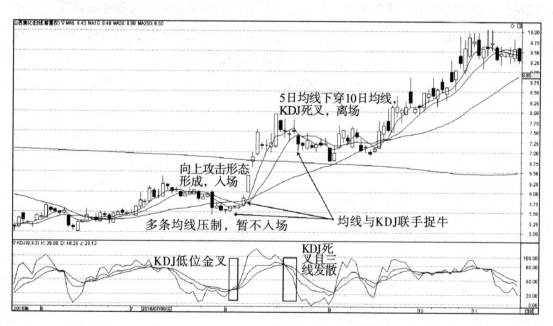

图 5-6-4　山西焦化（600740）

2016 年 8 月 2 日，经过一波回调的山西焦化收出小阳线，KDJ 形成低位金叉，其中 D 值为 27.999，可以说相当完美。但从均线看，仅勉强站上 5 日和 30 日均线，且

10 日均线继续下行，股价转势的迹象尚不明确，不能盲动。

此后两天，该股收出十字星，均线系统出现积极变化，其中 60 日均线和半年线由下行变成走平，30 日均线保持上行，年线则继续下行；与此同时，已经金叉的 KDJ3 根线继续上翘，且分散开口加大，诸多迹象预示着短线爆发在即。

果不其然，8 月 5 日，该股小幅低开后，略有回落，但很快被拉起。此后，大部分时间稳稳站在均价上方，尾盘更是出现一波拉升，全天收涨 3.55％，一举突破 10 日、30 日均线的压制，盘中试探性冲击半年线，但未果。KDJ 指标也保持完美攻击态势，D 值仅为 34.841，加上成交量也温和放大，可入场。

8 月 8 日，周一开盘，该股大幅高开，仅 6 分钟后便拉至涨停。尽管随后涨停被短暂打开，但很快在 10：25 再度涨停，直至收盘。而当天的强势涨停，也一举突破大部分均线的压制，宣告短期涨升空间打开。

8 月 9 日，尽管继续下行的年线引发部分技术派投资者抛股离场，但做多力量毫不手软，当日依然大涨 7％。8 月 16 日，山西焦化拉出本轮第二个涨停，此后进入多日的回调。8 月 18 日，KDJ 指标出现高位死叉，D 值为 82.272，显示短期超买，但股价在尾盘收在 5 日均线上方，全天收出十字星已成定局，继续持股，观察十字星是否为上涨中继。

此后两天，又是两根十字星。KDJ 指标死叉后三线开口加大，显示短线跌势已经形成。8 月 23 日，该股低开低走，全天多头几无抵抗，眼看收盘无法站上 10 日均线，且 5 日均线下穿 10 日均线，此时坚决离场。

五、RSI、MACD 双拳出击

相对强弱指数（RSI）描述一特定时期内价格的变动情况，显示市场的强弱，侧重反映市场短期变化情况，较为灵敏，适合短线操作。实战中，将 RSI 指标与稳定性更强的趋势指标 MACD 结合使用，擒获牛股概率较大。

RSI 指标有 3 根线，默认为 6、12、24，分别代表 6 日、12 日、24 日的相对强弱情况，6 日线变化快，12 日线次之，24 日线变化最慢，可利用三根线的位置及交叉，来判断股票的涨跌趋势变化。根据个人习惯不同，这些数值可以修改，或将 3 个数值设为一样的，即可变为一根线。RSI 的取值范围在 0－100 之间，强弱区间我们设为 15 和 85。

1. 买入点

当 RSI 的 6 日线上穿 12 日、24 日线，且 12 日线在 50 以下时，为低位金叉；此时，如果 MACD 指标 DIF 向上突破 DEA，且正在上穿或已穿过 0 轴，形成低位金叉，则说明买方力量走强，此时稳健型投资者买入安全系数较高。值得注意的是，在股价上行过程中，RSI 指标可能多次金叉死叉交替出现，此时是否可以入场则要结合股价所处位置来判断是洗盘还是出货。

2. 卖出点

当 RSI 的 6 日线下穿 12 日、24 日线，且 12 日线在 60 以上时，为高位死叉；MACD 指标 DIF 向下破 DEA，且正在下穿或已穿过 0 轴，形成高位死叉，则说明空方力量较强，此时卖出为宜。其中，RSI 发出离场信号时，短线投机者可先行卖股，而当 MACD 也发出卖出信号后，中线投资者必须果断离场。

实战案例见图 5-6-5 卫信康（603676）。

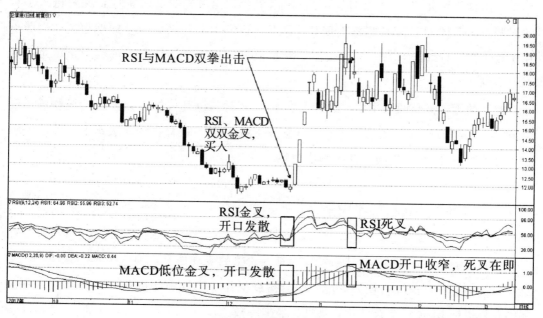

图 5-6-5　卫信康（603676）

卫信康于 2017 年 7 月 21 日上市，流通股仅 6300 万股。该公司是国内维生素注射剂龙头，在注射用 12 种复合维生素等多个领域拥有绝对优势，市场份额长期占据领先地位。

该股上市后，仅拉出 8 个一字涨停板后就被打开，与部分新股上市后动辄十几二十个涨停板的表现相去甚远。此后几个月，该股冲高回落，但整体跌幅不大，显示市场认可度较高。

2017年12月5日，卫信康创出新低11.5元。随后几天，该股横盘震荡，RSI指标处于粘连—发散—缠绕状态，MACD指标在0轴下方略微开口上翘，这预示着即将变盘。

2017年12月21日，该股收出小阳线，RSI指标形成金叉，其中12日线数值为34.499，MACD指标出现金叉，红柱继续放大，且KDJ指标也形成低位金叉。暂不入场。

第二天，该股高开于12.05元，此后快速拉升。此时，无论RSI还是MACD，都发出短线攻击信号，我于9：39股价回落至均价时，迅速挂单12.46元买入。9：58该股强势封住涨停板至收盘。

此后3天，该股连续拉出3个涨停板。12月29日，主力凶悍洗盘，当日低开低走，上午便封死跌停，RSI形成死叉。从MACD指标来看，卫信康后市还有上涨空间，为了在元旦前给2017年打上一个句号，我在29日当天上午以跌停价16.04元挂单出逃。在操作卫信康这只股上，仅6个交易日，收获3个涨停板，但卖点没掌握好，全部收益仅为29％。

六、KDJ＋RSI＋MACD三箭齐发

通常，只用两个指标来判断买卖点足矣，但KDJ＋RSI＋MACD的组合运用，实战效果更好。这3个指标相互佐证有一个较大的好处是，KDJ和RSI指标会提前发出买卖信号，中线指标MACD可进行复检。具体做法如下：

1. 买入点

股价经过一轮下跌后，KDJ指标处于超卖状态，如KDJ在20以下金叉，表明股价见底，短线反弹机会较大。此时，RSI指标也处于超卖区，6日线向上金叉12日线、24日线，且12日线在50以下时，表明行情有走强迹象；如MACD指标在0轴下方走平或低位金叉，则中短期上涨的可能性更大，此时买入较为安全。

2. 卖出点

股价经过一轮上涨后，KDJ指标处于超买状态，其在高位多次死叉，表明股价见顶，反弹结束的概率较大。此时，RSI指标也处于超买区，6日线向下穿过12日线、

24 日线，且 12 日线在 60 以上时，表明行情有走弱迹象；如 MACD 指标在高位向下勾头或死叉，预示中短期跌势开始，必须卖股离场。

实战案例见图 5-6-6 游久游戏（600652）。

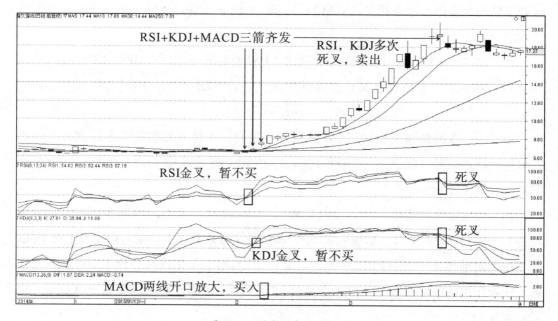

图 5-6-6　游久游戏（600652）

2015 年 2 月 3 日，已经连续调整几个月的游久游戏再次上攻，RSI 指标率先金叉，但当天并未突破多条均线压制，且 KDJ 指标还处于发散状态，MACD 指标也在底部粘连，故做多信号较弱。

2 月 4 日，该股温和放量收出中阳线，突破多条均线压制，KDJ 指标形成金叉，但考虑到 MACD 粘连情况并未改变，股价涨势仍未确立，故不能入场。

2 月 5 日，该股大幅高开，随后回落，整个上午一直在均价附近徘徊。午后开盘，主力迅速拉起突破均价，除半年线外，显著脱离大多数均线压制，且 MACD 指标的两根线开口放大，显示除短期涨势确立外，中期走势趋于明朗。买入。

三大指标相互印证之后，游久游戏开始猛涨。2 月 12—17 日，该股强势洗盘，但幅度较小，基本没有跌破 10 日均线，尽管 RSI 和 KDJ 出现粘连，但 MACD 继续上行，持股不动。

3 月 12 日，该股大跌超过 8%，RSI 和 KDJ 出现高位死叉，此时 MACD 上行趋势未遭破坏，可不动。3 月 18 日，该股冲高回落，盘中创出阶段新高，尽管 MACD 指标仍在上行，但 RSI 指标和 KDJ 指标在高位第二次出现死叉，涨势即将结束的信号较强，卖出。

在操作游久游戏时，正好处于春节前后，每年的那个时候，网络上和专业财经媒体上有关到底该持股还是持币过节的讨论比较密集，各方总是争执不休。而我认为该股涨势刚起，故选择持股过春节。而之所以在 RSI 指标和 KDJ 指标同时发出，而不是3 个指标都发出信号才离场，是因为我在买入时就打定主意只做一波短线，因此更为看重短线双指标的信号。在此也提醒广大投资者，在买之前，最好有个计划，提前想好是做短线还是中线，针对不同情况，采取相应的操作手法。

后记

在 2018 年新年钟声刚刚敲响之际，历经无数个不眠之夜，本书终于顺利完稿时，我总算可以走出书斋，喝一杯淡淡的清茶，晒一晒温暖如春的太阳，给自己放个小假。虽不敢说经历了十月怀胎的痛楚，但写作确实是一件苦差事，费力费脑，人的睡眠和精神状态受到不同程度的折磨。从选题策划、确定，再到将自己近 20 年的实战经验和成败得失敲打出来，以及和四川人民出版社的编辑老师商量修改细节，我付出的心血和个中甘苦只有经历过的人才能真切体会到。

孩提时代，我特别崇拜能把自己的所思所想变成铅字的人，于是当时朴素的理想之一，是长大后当一名作家。而今，当小时候的梦想实现多年后，更加深刻体会到写作是一件多么不容易的事情。毕竟，将大量杂读得来的知识先嚼碎，再将之与自己的思考融合，是一个复杂而漫长的过程，最后还要经过最痛苦的写作阶段。

写作中不敢有任何怠慢，这是因为自己也是普通的一名读者，当身份由读者转换成作者时，自然希望自己的辛苦努力能给读者带去有用的帮助。于是乎，在整个写作过程中，跟自己较劲成为常态，删了写，写了删，然后重新写……有时，辛苦写出来的一两千字左看右看总觉得哪里不对，即便觉得有些可惜和心疼，但最后仍推翻重来。

此前，我的两本股票投资的图书《老鼠戏猫》和《搏杀主力》虽然也是写给散户看的，但面向的读者主要是初入股海者和稍有一定基础的散户群体，而有幸被你翻开的这本《散户擒牛战法》，大部分篇幅聚焦的是股市实战操作，读者群体覆盖了初学者、具有一定交易经验但技术亟待提高的股民，内容设置分为散户投资者的准备、提升、精进、出击和收获五大环节，每个环节均突出管用有效，案例图表也较前两本大幅增加，方便读者朋友对比查看，并逐步吸收消化，最后为己所用。

在内容选取上，本书遵循一切从实战出发的思路，将自己的操作经验和案例呈现出来。这些经验和案例有成功的，也有失败的，主要目的是希望读者朋友们明白，股市无神，你就是自己的神，命运始终掌握在我们自己手中。要想成为股市的长跑获胜者，除了有耐心，有毅力，还必须有技术，有策略。

在本书写作及出版过程中，得到了很多专家、亲朋好友的鼓励和帮助。特别感谢国内首屈一指的财经内容运营平台"考拉看看"联合创始人、知名财经作家马玥女士以及四川人民出版社编审何朝霞老师，她们对本书的选题立项、内容确定、方向把握及封面设计等诸多方面倾注了大量心血。此外，《星星诗刊》特聘古诗词编辑、知名诗人吴采薇对本书的诗词部分给予了指导和润色。借此机会，也向其他给予我无私帮助的各位朋友表示衷心感谢。

由于我水平有限，加上时间仓促，书中难免有疏漏和不妥之处，因此，恳请业界前辈及广大读者不吝赐教，以便再版时进行修正。

最后，衷心感谢全国各地的读者朋友对本人系列图书的信任和支持。真诚希望在股海博弈中，我的思考和经验总结能给大家带去一点实际的帮助，真正让投资赢利奔跑起来！

为便于与广大读者切磋交流，现将作者联系方式公布如下：

姚茂敦电子邮箱：yaomaodun@163.com

姚茂敦财经博客：http://blog.sina.com.cn/guhaishentu